AF283653

La firma digital. IFCM012PO

Antonio Luis Cardador Cabello

ic editorial

La firma digital. IFCM012PO
© Antonio Luis Cardador Cabello

1ª Edición

© IC Editorial, 2025

Editado por: IC Editorial
c/ Cueva de Viera, 2, Local 3
Centro Negocios CADI
29200 Antequera (Málaga)
Teléfono: 952 70 60 04
Fax: 952 84 55 03
Correo electrónico: iceditorial@iceditorial.com
Internet: www.iceditorial.com

ISBN: 979-13-7027-046-9
Depósito Legal: MA 1439-2025

Impresión: PODiPrint
Impreso en Andalucía - España

Nota de la editorial: IC Editorial pertenece a Innovación y Cualificación S. L.

Especialidad formativa

Se entiende por especialidad formativa la agrupación de contenidos, competencias profesionales y especificaciones técnicas que responde a un conjunto de actividades de trabajo enmarcadas en una fase del proceso de producción y con funciones afines.

Las especialidades formativas de Uso General, Formación Complementaria, Formación Modular y las especialidades formativas dirigidas a la obtención de certificados de profesionalidad se incluyen en el Fichero de Especialidades del Servicio Público de Empleo Estatal para su gestión en todo el territorio nacional por cualquier Administración competente.

Las especialidades complementarias, pertenecen todas a la Familia profesional de Formación Complementaria (FCO) y tienen la consideración de formación transversal en áreas que se consideran prioritarias tanto en el marco de la Estrategia Europea para el Empleo y del Sistema Nacional de Empleo como en las directrices establecidas por la Unión Europea. Se consideran áreas prioritarias las relativas a tecnologías de la información y la comunicación, la prevención de riesgos laborales, la sensibilización en medio ambiente, la promoción de la igualdad, la orientación profesional y aquellas otras que se establezcan por la Administración competente.

Las especialidades de Certificado de profesionalidad tienen una duración especificada en su normativa reguladora.

En el resultado de la búsqueda, se muestran las unidades de competencia, todos los módulos formativos con su duración y las unidades formativas del certificado correspondiente, con su duración. Las horas del certificado, exclusivo de las especialidades de certificado de profesionalidad, con alta igual o superior a 2008, son las horas totales más las horas del módulo de Prácticas Profesionales no Laborales.

➲ **Si la especialidad tiene unidades formativas,** las horas totales, presencial, distancia, teleformación serán igual a la suma de esas horas de las unidades formativas de los distintos módulos, sin que se repita ninguna Unidad formativa.

➲ **Si la especialidad no tiene unidades formativas,** las horas totales, presencial, distancia, teleformación serán igual a las sumas de esas horas de los módulos formativos, eliminando las horas de los módulos repetidos.

https://sede.sepe.gob.es/especialidadesformativas/RXBuscadorEFRED/BusquedaEspecialidades.do

(Fuente: Servicio Público de Empleo Estatal)

Índice

OBJETIVOS GENERALES

Los objetivos generales del **IFCM012PO. La firma digital,** son los siguientes:

- ⮑ Conocer la principal normativa legal y técnica de firma digital/electrónica; entender sus tipos y características, así como las peculiaridades específicas de los certificados personales y sus aplicaciones prácticas. Comprender los conceptos básicos de seguridad en las transacciones telemáticas.
- ⮑ Identificar los certificados digitales, así como las firmas digitales. Conocer las ventajas que ha implicado el uso de las nuevas tecnologías de la información y la comunicación a nuestra sociedad.
- ⮑ Conocer los efectos de las TIC en la Sociedad de la Información, contenido y alcance de las mismas.
- ⮑ Conocer la normativa reguladora para el comercio electrónico y la firma digital.
- ⮑ Saber cómo solicitar y obtener la firma digital.
- ⮑ Conocer la seguridad informática y la seguridad asociada a la firma digital.
- ⮑ Reconocer los organismos oficiales a nivel autonómico, local y nacional para usar la firma digital, así como el uso de la misma en las transacciones comerciales y financieras online.
- ⮑ Conocer la necesidad de implementar sistemas de seguridad en la empresa.

Firma digital

Contenido

Objetivos

El objetivo general de esta Unidad de Aprendizaje es:

→ Identificar los certificados digitales, así como las firmas digitales. Conocer las ventajas que ha implicado el uso de las nuevas tecnologías de la información y la comunicación a nuestra sociedad.

El objetivo específico de esta Unidad de Aprendizaje es:

→ Justificar la relación que existe entre la firma digital y el certificado electrónico.

1. Introducción

La **firma o rúbrica** surge del concepto de grafología; también se puede conocer por los nombres de "firma manuscrita" o "firma ológrafa", y consiste en una escritura (normalmente asociada a un grafo) mediante la cual se identifica o se representa el nombre, los apellidos o un título.

Este tipo de firma, a diferencia de otras, se caracteriza por que está escrita a mano y su fin u **objetivo es identificativo,** por ejemplo, ante entornos jurídicos, económicos, bancarios, etc.

Pero, ante la aparición de los **nuevos entornos digitales,** surgen nuevos procedimientos y necesidades en torno a los mismos. Así, en un medio digital aparecen los siguientes conceptos de firma: **firma electrónica, firma digital** y **certificado digital.**

Durante el desarrollo de la unidad verás los conceptos de "firma digital" y "certificado electrónico", así como las principales novedades que las nuevas tecnologías de la información y la comunicación (TIC) han aportado a nuestro día a día.

Para ello nos basaremos en el caso de Royo Expertos Tecnológicos, S. L., que, dentro del sector informático, ofrece soluciones a sus clientes para trabajar con la seguridad informática y las firmas digitales.

2. Certificado digital

☞ HILO CONDUCTOR

En Royo Expertos Tecnológicos, S. L., saben que poco a poco la población va utilizando el certificado digital para la realización de múltiples trámites relacionados con las administraciones, ahorrándose tiempo y evitando desplazamientos, ya que no hay que ir a la ventanilla ni esperar colas. Sin duda, tiene muchas ventajas, pero aún tiene que seguir concienciando a sus clientes de su uso explicándoles en qué consiste y cuántos tipos de certificados existen.

Un certificado digital, también conocido con el sobrenombre de **certificado electrónico,** se corresponde con un archivo o fichero informático que se encuentra firmado electrónicamente. Para ello un prestador de servicios de certificación **da fe de dicha firma** (no tiene por qué ser directamente un prestador de servicios, cualquier otra entidad con autoridad para la certificación puede hacerlo).

En el certificado, el elemento más importante para la firma e identificación del usuario es la **clave digital,** que puede ser de dos clases y se caracterizan por que son complementarias:

Clave privada — Se caracteriza por que se puede enviar a otros usuarios. Si el certificado tiene solo clave pública, se puede decir que es un **certificado público.**

Clave pública — A diferencia de la clave pública, permanece incluida en el certificado y su control lo tiene el propio firmante. Si el certificado tiene clave privada y clave pública, se puede decir que es un **certificado privado.**

 **CONSEJO**

Cuando se exporta un certificado, es decir, cuando se envía a un tercero, se recomienda que sea siempre el certificado público, ya que es el que solo contiene la clave pública.

Para obtener el certificado electrónico se debe diferenciar entre el que está **incluido en una tarjeta** o el que está en un **fichero *software.*** Tanto en un caso como en otro es necesaria la identificación del usuario de dicho certificado, para lo cual este deberá dirigirse a una de las oficinas de la autoridad de registro para la comprobación y verificación de su identidad.

PARA SABER MÁS

Para obtener el certificado *software* se necesita uno de los navegadores recomendados por la administración *(Microsoft Edge, Mozilla Firefox o Google Chrome).* Se puede realizar el proceso de obtención a través del siguiente enlace:

https://redirectoronline.com/ifcm012po0101

Respecto a las **claves de cada tipo de certificado,** se debe distinguir entre:

Certificado *software*	Certificado tarjeta
Las claves son creadas y descargadas por el navegador del propio usuario.	Las claves son creadas e introducidas por un proveedor de certificación.
	El DNI electrónico (DNIe) es el ejemplo más claro de este tipo de certificado ya que requiere de una autoridad de certificación para expedirlo y suministrárselo al usuario. Su autoridad certificadora es la Dirección General de Policía.

 SABÍAS QUE...

El Ministerio de Economía y Empresa pone a disposición de los usuarios en internet un listado de prestadores de servicios electrónicos de confianza,

Continúa en página siguiente >>

<< Viene de página anterior

diferenciando entre cualificados y no cualificados. En esta página se puede realizar una consulta que mostrará información comercial del prestador y los servicios relacionados que posee.

 ### ACTIVIDAD COMPLEMENTARIA

1. Averigua cómo se puede exportar un certificado para utilizarlo en otro ordenador. Indica qué pasos deberás llevar a cabo.

---

3. Firma electrónica

 ### HILO CONDUCTOR

En Royo Expertos Técnológicos, S. L., trabajan con empresas a nivel estatal e interestatal, con lo cual siempre firman sus documentos mediante la firma electrónica para garantizar la seguridad y agilizar todos los procesos al máximo de cara a sus clientes. Sin duda, es interesante conocer cuáles son los mecanismos que se incluyen en este sistema para asegurar dicha seguridad.

Normalmente los usuarios asocian el término "firma digital" únicamente a la rúbrica digital que se genera, cuando esto no es realmente así.

Una firma digital incluye un **mecanismo de encriptación** mediante el cual el emisor de un determinado documento firmado digitalmente puede identificarse como firmador de tal documento (reglas de autentificación y no repudio de datos), además de poder confirmar que el documento no ha sufrido cambios desde que fue originalmente firmado.

 **DEFINICIÓN**

Encriptación

Técnica usada en informática sobre los datos, mediante la cual se hace que la información se vuelva ilegible a terceros. Para hacer que la información sea ilegible se usa una llave para cifrar la información, llave sin la cual no se puede descifrar la información, caiga en manos de quien caiga.

En las firmas digitales aparece ese concepto de **llave** o **clave,** que es el que se usa para **generar y utilizar la firma** y sin el cual no puede hacerse nada, es como si fuera el código pin de acceso a un terminal móvil; si no se dispone de él, el terminal no funciona.

Además, para dar mayor **robustez y seguridad a las firmas digitales** estas deben tener una serie de propiedades para poder ser usadas. Dichas **propiedades** son las siguientes:

- **Verificable:** cualquier firma debe poder pasar un proceso de verificación (sea válido o no, pero debe poder pasarlo). En el caso de resultar válido, esa firma identificará a un determinado firmante, y en caso de ser inválido, no podrá llegar a firmar dado que no es correcta.
  Además, muchas entidades jurídicas actualmente tienen que recurrir a la verificación de firmas digitales para poder tomar parte de un lado u otro en los procesos judiciales.
- **Única:** una firma únicamente puede ser originada por el firmante de la misma (que es quien dispone de ella, y no otra persona o entidad), por lo tanto, en teoría, es infalsificable. Es responsabilidad del firmante mantener la firma correctamente.
- **Infalsificable:** dado que la firma va a depender del mensaje o documento que se va a firmar, y puesto que todos los mensajes o documentos no son exactamente iguales, resulta complicada (pero no imposible) la falsificación de la misma.
  Como en informática el sector de la piratería siempre va un paso por delante, se tuvieron que crear una serie de algoritmos para la generación de claves seguras basados en la resolución de problemas matemáticos de gran complejidad. Tal es dicha complejidad que, normalmente, no pueden ser resueltos por personas si no interviene un dispositivo informático para generar dichos cálculos matemáticos.
- **Innegable:** una vez que un firmante ha usado una firma no puede repudiar de ella o negar que esa firma sea suya, precisamente por los

mecanismos que se establecen para garantizar que una firma identifica a un firmante y no a otro.

⮞ **Transparencia:** una firma debe ser totalmente transparente en cuanto a su uso por parte del usuario, es decir, a este último no le interesan los mecanismos o algoritmos de generación de claves, sino firmar cómoda, rápida y fácilmente los documentos.

En territorio español, la firma digital se rige por la **a Ley 6/2020 y el Reglamento (UE) N.º 910/2014 (eIDAS), relativo a la identificación electrónica y los servicios de confianza,** y, entre otra información, define explícitamente tres **tipos de firmas digitales,** que son:

Simple	Avanzada	Cualificada
- Cualquier dato electrónico que acompañe o esté asociado a un documento para identificar al firmante (por ejemplo, un nombre en un *e-mail,* una firma escaneada, un clic en **Aceptar).** - Seguridad: baja, no garantiza la identidad del firmante. - Validez legal: admisible en juicio, pero puede requerir pruebas adicionales para ser reconocida. Ejemplos: - Firmar un PDF escaneando tu firma manuscrita. - Pinchar "Acepto" en un formulario web sin autenticación fuerte.	- Cumple requisitos más estrictos que la simple: 1. Vincula únicamente al firmante. 2. Permite identificar al firmante. 3. Se crea con medios que el firmante puede controlar (por ejemplo, certificado no cualificado). 4. Detecta cualquier cambio posterior en los datos firmados. - Seguridad: media-alta. - Validez legal: tiene la misma eficacia jurídica que una firma manuscrita, salvo que la ley exija explícitamente una firma cualificada. Algunos ejemplos son: - Firma con DNIe (no cualificado) o certificado digital no cualificado. - Plataformas como *DocuSign* o *Adobe Sign* con autenticación reforzada (SMS/*e-mail* verificado).	- Es una firma avanzada más un certificado cualificado emitido por un prestador de servicios de confianza cualificado (PSCC). Es el equivalente legal a una firma manuscrita en todos los casos. - Requisitos: - Usa un certificado cualificado (por ejemplo, FNMT, Camerfirma, etc.). - Se crea con un dispositivo cualificado de creación de firma (DQCF) (ej.: tarjeta criptográfica o HSM). - Seguridad: máxima (cumple eIDAS). Validez legal: no puede ser rechazada en juicio y no necesita pruebas adicionales (art. 25 eIDAS). Algunos ejemplos son: - Firma con DNI electrónico 3.0 (con *chip* y PIN). - Firma con certificado FNMT + *software* específico (AutoFirma).

El **formato de firma** hace referencia a la manera de crear el documento de firma y a cómo se guarda o configura la información en el documento generado. Un fichero de firma tiene un formato que viene establecido, entre otros aspectos, por una estructura. Te mostramos cuáles son estos formatos:

CAdES (CMS avanzado)
- Se utiliza para firmar ficheros grandes, sobre todo si la firma incluye el documento original. Una vez se haya firmado, el usuario no podrá ver la información firmada.

PAdES (PDF avanzado)
- Es el formato idóneo para los documentos en PDF. El destinatario puede comprobar fácilmente la firma y el documento firmado.

XAdES (XML avanzado)
- Este formato se caracteriza por que se obtiene un fichero de texto XML y los documentos obtenidos son más grandes que en el caso anterior. No se recomienda en el caso de que el fichero original sea muy grande.

OOXML y ODF
- El primer formato de firma se utiliza para las aplicaciones *Microsoft Office*, y el segundo, para *Open Office*.

 TAREA 1

Juan acaba de descubrir el mundo de las firmas y los certificados digitales y, sobre todo, la cantidad de ventajas que incluye su uso.

Atendiendo a la inquietud de Juan, infórmale sobre qué debe conocer sobre la firma digital para tener un concepto claro. Prepara una argumentación para Juan sobre la relación que existe entre el certificado electrónico y la firma digital.

4. Incorporación de la sociedad a las nuevas tecnologías de la información y las comunicaciones (TIC)

☞ HILO CONDUCTOR

En Royo Expertos Tecnológicos, S. L., saben que sus clientes han modificado sus conductas tecnológicas en función de la irrupción de las nuevas tecnologías y las TIC; por eso siempre recomiendan que sean sensatos y tomen medidas de seguridad al respecto. Y es que, gracias al auge de las nuevas tecnologías y a su uso generalizado, hoy día puede usar en su empresa métodos que agilizan la consecución de muchas de sus gestiones, sin duda una gran ventaja.

Simplemente con echar la vista diez años hacia atrás se puede percibir claramente cómo las nuevas tecnologías de la información y la comunicación han cambiado los modos y ritmos de vida o trabajo, siendo algunas de las **ventajas** que han aportado las siguientes:

- ⤴ Acceso al aprendizaje interactivo y educación *online* o a distancia.
- ⤴ Difusión de nuevos conocimientos.
- ⤴ Nuevas formas de empleo o trabajo: teletrabajo o trabajo a distancia.
- ⤴ Acceso a conocimientos e información para las personas, lo que repercute en una mejor calidad en sus vidas.
- ⤴ Facilidad, agilidad y rapidez en la realización de tareas.
- ⤴ Mayor exactitud en la información que se maneja al tener la oportunidad de contrastar fuentes diversas.
- ⤴ Optimización en la gestión del tiempo.
- ⤴ Mejor segmentación del público objetivo.
- ⤴ Facilidad en la búsqueda de nuevos mercados.

 PARA SABER MÁS

Si quieres conocer cuál ha sido el impacto de las nuevas tecnologías en nuestras vidas, puedes consultar el siguiente artículo escrito por Malcolm Johnson, secretario general de la Unión Internacional de las Telecomunicaciones (ITU).

Continúa en página siguiente >>

<< Viene de página anterior

https://redirectoronline.com/ifcm012po0100

5. Resumen

El **certificado electrónico o digital** se corresponde con un archivo o fichero informático que se encuentra firmado electrónicamente y, para ello, un prestador de servicios de certificación da fe de dicha firma.

En el certificado el elemento más importante para la firma e identificación del usuario es la **clave digital.**

El certificado que está relacionado con la firma digital puede ser **certificado** *software* **o certificado tarjeta,** diferenciándose en que, en el primero, las claves son creadas y descargadas en el ordenador del usuario, mientras que, en el segundo, debe ser una autoridad de certificación quien las introduzca.

Una firma digital incluye un **mecanismo de encriptación** mediante el cual el emisor de un determinado documento firmado digitalmente puede identificarse como firmador de tal documento (reglas de autentificación y no repudio de datos), además de poder confirmar que el documento no ha sufrido cambios desde que fue originalmente firmado. Además, las firmas deben cumplir una serie de propiedades, tales como:

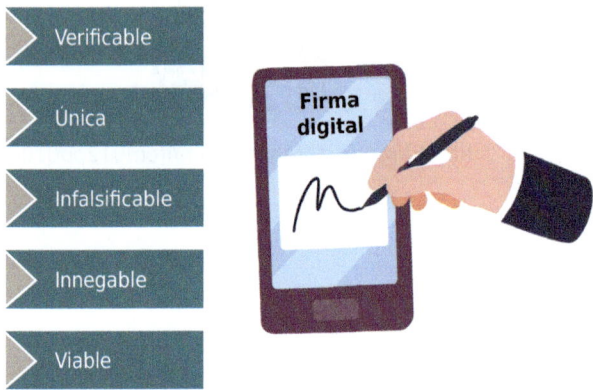

Los tipos de firmas que actualmente tenemos disponibles son:

El **formato de firma** es la manera de creación del documento de firma y como se guarda o configura la información en el documento generado. Los distintos formatos son:

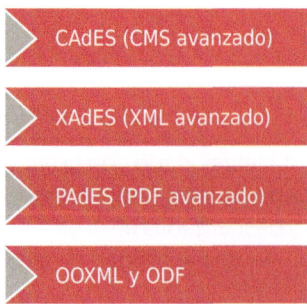

La incorporación de las tecnologías de la información y la comunicación (TIC) en todos los ámbitos de la vida, tanto laboral como social, trae consigo ventajas, tales como mayor acceso a conocimientos a través del aprendizaje interactivo, otras formas de trabajo, facilidad en la búsqueda de nuevos mercados, etc.

Ejercicios de autoevaluación
Unidad de Aprendizaje 1

1. En el certificado, la clave digital es un elemento importante para la firma e identificación del usuario. ¿Qué tipos conoces?

    a. Híbrida y de atributos.
    b. Pública y de atributos.
    c. Privada y pública.
    d. Privada y de atributos.

2. Determina si la siguiente afirmación es verdadera o falsa: "El DNIe es un tipo de certificado *software*".

    ■ Verdadero
    ■ Falso

3. Indica si la siguiente afirmación es verdadera o falsa: "Una firma digital incluye un mecanismo de encriptación".

    ■ Verdadero
    ■ Falso

4. En las firmas digitales el concepto que se usa para generar y utilizar la firma es:

    a. Robustez
    b. Clave o llave
    c. X.506
    d. SAML

5. Señala cuál de las siguientes no es una propiedad asociada a las firmas digitales:

    a. Negable
    b. Viable
    c. Infalsificable
    d. Única

6. Indica cuál de los siguientes no es un tipo de firma digital:

    a. Simple
    b. Cualificada
    c. Avanzada
    d. Compuesta

7. Señala cuál de los siguientes no es un formato de firma:

    a. CMS avanzado
    b. SPKI
    c. XML avanzado
    d. ODF

8. Determina si la siguiente afirmación es verdadera o falsa: "Una de las ventajas de las TIC es que su aprendizaje puede ser asimilado por cualquier persona".

    ■ Verdadero
    ■ Falso

9. Indica cuál de las siguientes no se corresponde con una ventaja de las TIC:

    a. Difusión de nuevos conocimientos.
    b. Nuevas formas de trabajo.
    c. Optimización en la gestión del tiempo.
    d. Incremento en el beneficio económico.

10. Cualquier firma debe poder pasar un proceso de...

    a. ... verificación.
    b. ... transparencia.
    c. ... infalsificación.
    d. ... unicidad.

Contenido y alcance

Contenido

Objetivos

El objetivo general de esta Unidad de Aprendizaje es:

→ Conocer los efectos de las TIC en la Sociedad de la Información, contenido y alcance de las mismas.

Los objetivos específicos de esta Unidad de Aprendizaje son:

→ Identificar el impacto de las NN. TT. en diferentes ámbitos de la sociedad actual.

→ Explicar las ventajas que proporcionan las NN. TT. y las TIC

1. Introducción

La humanidad durante su historia ha pasado por una serie de revoluciones, la primera relacionada con la agricultura y la artesanía, y una de las últimas, la industrial. Pero hasta la presente ninguna revolución ha sido como la que ha provocado la irrupción de las **nuevas tecnologías de la comunicación y la información** en la **Sociedad de la Información o del Conocimiento.**

En cuestión de años, las NN. TT. han modificado, adaptado y ocupado todos los aspectos de la vida diaria; dando lugar a la aparición de la Sociedad de la Información y el Conocimiento.

Durante el desarrollo de la unidad nos centraremos en el contenido y alcance que han tenido las nuevas tecnologías de la información y la comunicación en la Sociedad de la Información, por el alcance de estas en cualquier ámbito imaginable, aportando no solo ventajas, sino también algunas desventajas asociadas a la firma digital por las NN. TT.

Para ello nos seguiremos basando en el caso de Royo Expertos Tecnológicos, S. L., que, dentro del sector informático, ofrecen soluciones a sus clientes para trabajar con la seguridad informática y las firmas digitales.

2. Efectos de las TIC en la Sociedad de la Información

 HILO CONDUCTOR

En Royo Expertos Tecnológicos, S. L, saben que constantemente, debido a los efectos de las TIC en la Sociedad de la Información, la tecnología está en constante avance, con lo cual tienen que estar al día en las tecnologías para poder ofrecer las mejores soluciones a sus clientes.

Podemos definir la **Sociedad de la Información** como aquella en la que cualquier persona puede crear, acceder, usar y compartir contenido (información o datos) y conocimientos para que otras personas o comunidades puedan aprovecharse de estos de forma sostenible.

Algunas de las **características intrínsecas de la Sociedad de la Información** son:

- **Sociedad globalizada:** en este tipo de sociedad el escenario es totalmente distinto al tradicional; donde hace escasamente 10 años casi la mayoría de las compras se hacían localmente o provincialmente, hoy en día, gracias a las NN. TT., podemos realizar una compra en el sitio más remoto que pensemos.
- **Todo gira en torno a las TIC:** la humanidad ha pasado por distintas revoluciones a lo largo de su existencia, pero seguro que ninguna se ha producido en tan breve espacio de tiempo como la que han introducido las NN. TT., que han dado un giro radical en nuestras vidas a una velocidad de vértigo.
- **Nuevos sectores laborales:** como consecuencia han surgido nuevos sectores laborales o empleos asociados al mundo de las NN. TT. y las TIC. Pero no solo esto; además, han proporcionado nuevas modalidades laborales: como el teletrabajo. Es posible que un trabajador de una determinada empresa pueda llevar a cabo su jornada laboral sin tener que acudir a las instalaciones de dicha empresa.
- **Exceso de información:** la información está disponible para ser consultada en breves segundos gracias a las NN. TT. Además, es sabido el gran exceso de información que hay en internet: por ejemplo, si buscamos una definición de un concepto, es seguro que en la búsqueda nos aparecerán miles de webs en las que consultar.
- **Impacta en todos los sectores sociales:** la aparición de las NN. TT. no ha sido algo que ha afectado a un determinado sector dentro de la sociedad; todo lo contrario, ha sido una aparición que ha influido en todos y cada uno de los sectores de la sociedad, de tal forma que todos han sufrido un cambio constante desde su irrupción.
- **Nuevos tipos de inteligencias:** podemos afirmar que actualmente estamos pasando de una sociedad basada en la memoria a una sociedad basada en el conocimiento, debido fundamentalmente a la **inteligencia distribuida.**
- **Velocidades de cambio:** esta velocidad se ha aplicado a cualquier concepto que podamos pensar: como poner un artículo online en el mercado, nuevas ideas, transmisiones inmediatas de ofertas e información, etc.

DEFINICIÓN

Inteligencia distribuida
Según el creador de este concepto, esta inteligencia es aquella que no es propiedad adscrita de la mente de los individuos, sino que está distribuida entre personas, herramientas físicas y sistemas simbólicos.

El entorno en el que se mueve la sociedad actual tiende a convertir la información en conocimiento, apoyándose para ello en el uso de las nuevas tecnologías. De esta forma, se puede decir que la Sociedad de la Información se basa principalmente en **tres pilares** fundamentales, que son:

Información
- En esta sociedad actual (la de la información y el conocimiento), cada vez cobran más valor aquellos conocimientos que necesitan un proceso mental y otros basados en la creatividad, ideas e innovación. Por ello, la información es la base fundamental en la Sociedad de la Información.

Tecnologías
- Se puede considerar como el medio principal a través del cual se desarrolla la Sociedad de la Información. Al ser considerado un instrumento importante, su constante evolución debe ser tenida en cuenta en el desarrollo social.

Sociedad
- La sociedad está constituida por las personas y sus actividades que son los principales actores. No cabe duda que los beneficios de esta sociedad repercuten directamente sobre las empresas y las personas que la conforman, creando nuevos cambios y avances en la tecnología y en la información.

 **PARA SABER MÁS**

Puedes consultar el siguiente enlace en el que se explica el concepto de Sociedad de la Información:

https://redirectoronline.com/ifcm012po0201

Con el cambio originado por las NN. TT. y las TIC, aparecen **nuevas características** asociadas al mismo y relacionadas con la sociedad. En este caso pueden distinguirse los siguientes:

- **Libertad de expresión y participación igualitaria:** obviamente cualquier persona es libre de dejar su opinión (otra cosa es que sea más o menos acertada, educada, etc.) y de participar en igualdad que el resto de usuarios de internet.
- **Amplitud de información y acceso limitado a contenidos:** internet se caracteriza por que está inundado de muchísima información sobre cualquier tema que podamos pensar, pero esto no garantiza que dicha información sea correcta o veraz. Por otro lado, hay ciertos contenidos de internet (normalmente de pago) que son limitados si el usuario no se suscribe a ellos y paga una cuota.
- **Neutralidad de las TIC:** las TIC han cambiado nuestro estilo de vida en todos los ámbitos, pero solo se han limitado a eso, no lo han cambiado ni para bien ni para mal; depende del uso razonable que hagamos cada uno de nosotros/as sobre las NN. TT. y la forma en la que las apliquemos a nuestras vidas o trabajos.
- **Interactividad:** la interactividad nos va a permitir saber lo que un usuario quiere en un momento dado. Se produce una reacción entre internet y el usuario.
- **Más impacto, más efectivo y más facilidad para la retención:** al trabajar en un medio totalmente interactivo y tener capacidad de poder saber lo que quiere el usuario en un momento dado, todo es más efectivo y más fácil de retener.

⊃ **Reducción del tiempo de aprendizaje y fácil retención:** al ser un entorno totalmente interactivo, se facilita un rápido aprendizaje por parte de los usuarios que hacen uso de él.

⊃ **La tecnología como manipuladora de la mente:** no todo lo que aparece en internet tiene que ser cierto, es responsabilidad de cada uno saber dónde tiene que establecer sus propios límites.

 ## ACTIVIDAD COMPLEMENTARIA

2. Rubén está reunido con un grupo de amigos y, en la conversación que están manteniendo, surge el debate de los mitos en la Sociedad de la Información. ¿Cuáles crees que pueden ser estos mitos? Busca información sobre estos mitos.

 ## APLICACIÓN PRÁCTICA

María es una estudiante y está preparando una serie de ejercicios que le han mandado sobre matemáticas. Como se le dan muy mal, ha introducido en un navegador de internet el tema que están viendo y ha abierto el primer enlace que ha encontrado. ¿Está haciendo lo correcto María?

Solución

No. Siempre que busquemos información por internet, dado que es un medio que contiene mucha información y no toda fiable, lo ideal es buscar en 3 o 4 páginas webs distintas la misma información y sacar nosotros nuestras propias conclusiones. Si nos quedamos con el primer enlace que aparece en el listado de resultados de los buscadores, corremos el riesgo de que la información consultada esté incompleta o no sea veraz.

2.1. Ventajas y desventajas de las NN. TT. y las TIC

Las NN. TT. y las TIC han ido imponiéndose en nuestra sociedad de forma muy rápida llegando a transformar las rutinas adquiridas en nuestras vidas y profesiones. La aparición de cualquier tecnología implica una serie de ventajas y de desventajas asociadas.

A continuación verás algunas de las **ventajas** y **desventajas** asociadas a las NN. TT. y las TIC en la Sociedad de la Información:

Ventajas

- ⮑ **Comunicación.** Tenemos la posibilidad de comunicarnos con cualquier persona que tenga acceso a internet y que se localice en cualquier parte del mundo. Anteriormente lo podíamos hacer, pero el coste de asumir una llamada internacional era muy elevado y no estaba al alcance de todos.
- ⮑ **Facilidad.** Las NN. TT. y las TIC son muy fáciles de usar y, además, disponen de accesos rápidos a la emisión de información. Cualquier persona puede conectarse y emitir información al resto de usuarios de internet.
- ⮑ **Accesos.** Las NN.TT. y las TIC facilitan el acceso a cualquier medio que antes era muy costoso para ciertas personas, por ejemplo, al arte y a la cultura pueden acceder personas con recursos económicos muy bajos (acceso al Museo del Prado para poder contemplar *online* sus obras pictóricas sin necesidad de moverse de casa).
- ⮑ **Interactividad.** Dado que a la red se conectan usuarios a través de dispositivos informáticos, existe la posibilidad de que puedan interactuar entre ellos, por ejemplo, permitiendo el intercambio de información. Además, con este gesto se produce el enriquecimiento por parte de otras personas por esa información intercambiada.
- ⮑ **Libertad.** Internet no tiene límites pero sí una serie de reglas que debemos asumir como personas; en principio cualquier tipo de mensaje puede ser difundido sin problemas en la red. Obviamente si este mensaje difundido atenta contra la integridad personal de alguien, se pueden tomar las medidas legales necesarias (a día de hoy sabemos que muchos menores de edad intercambian fotos de alto contenido entre ellos).
- ⮑ **Autopromoción.** Cualquier persona puede acceder a las NN. TT. y las TIC y usarlas para captar clientes para su propio negocio; incluso las empresas pueden desarrollar sus plataformas *online* para la captación de clientes.

Desventajas

- ⮑ **Medios de acceso.** Para poder acceder a las NN. TT. y las TIC, es necesario disponer de una serie de medios como un dispositivo informático, una conexión a internet, etc.; con esto se amplía la diferencia entre ricos y pobres. Quien no disponga de medios para la adquisición de un dispositivo informático y una conexión a internet, no podrá usar las NN. TT. ni las TIC.

- **Deterioro de las relaciones.** Las relaciones humanas cada vez se están viendo más afectadas por la irrupción de las NN. TT. y las TIC, dado que cada vez procedemos a relacionarnos menos y pasamos a hacerlo de forma virtual con las redes sociales, *WhatsApp*, etc.
- **Adiciones.** Las NN. TT. y las TIC, sobre todo entre los más jóvenes, pueden provocar casos de adición severa. Últimamente se están realizando estudios de cómo los jóvenes se están volviendo adictos a las nuevas tecnologías, dado que hasta ahora no teníamos constancia de dicho problema.
- **Sedentarismo.** El sedentarismo es el gran problema asociado a las NN. TT. y las TIC, además de otros problemas relacionados sobre todo con la visión, como puede ser la agudeza visual o la pérdida de vista. Actualmente también hay estudios muy recientes sobre el impacto de las NN. TT. y las TIC en la salud de los más jóvenes.
- **Pérdida de fuentes.** Antiguamente, a la hora de realizar trabajos y tener que recopilar información, por norma general se obtenía de varias fuentes distintas, como puede ser una enciclopedia, un determinado artículo publicado por alguien, etc. Hoy en día lo más normal por parte de los usuarios es teclear en una caja de texto la información a buscar, pasar por el primer enlace de resultados y copiar la información: caemos en el error de no contrastar la información, y es probable que estemos manejando información errónea. Lo ideal, cuando trabajamos con información de la red, es contrastarla al menos en un par de sitios distintos.
- **Consumismo.** La mayoría de las tecnologías presentes actualmente con nosotros nos incitan a un mundo en el que el consumismo está presente al 100 % en cualquier parte. No es muy complicado realizar una búsqueda sobre un determinado cuadro de arte u obtener información y precios sobre una lavadora o cualquier otro producto de consumo.

2.2. Ventajas y desventajas de la firma digital

También podemos afirmar que las NN. TT. y las TIC han influido sobre la firma digital aportando las siguientes ventajas:

Mayor seguridad e integridad en documentos
- Una vez firmado digitalmente un documento, este no puede ser modificado o cambiado con el fin de garantizar la autenticación y la identidad del firmante.

Continúa en página siguiente >>

<< Viene de página anterior

Confidencialidad
- El contenido del mensaje firmado solo es accesible para quien tenga autorización.

Eliminación de papeles y almacenamiento físico
- Todos los documentos y papeles quedan almacenados en dispositivos informáticos, con lo cual se ahorra bastante espacio en almacenaje, clasificación y búsqueda.

Evita desplazamientos y traslados, así como turnos de espera
- No es necesario acudir físicamente al organismo, bastaría con usar desde un dispositivo informático nuestra firma en la página web de la organización para llevar a cabo el trámite.

Disminución de los tiempos de ejecución
- Prácticamente cualquier proceso de firma digital implica una automatización del resto de servicios, con lo cual, en el momento que se verifica la firma, comienza un proceso automático que termina con la reducción de los tiempos de ejecución.

Aumento de productividad y competitividad
- El uso de la firma digital implica procesos de automatización que, a su vez, liberan tiempo que puede ser dedicado a otras tareas, aumentando por tanto la productividad y la competitividad de la empresa u organización.

 PARA SABER MÁS

Puedes consultar el siguiente enlace en el que se explica el impacto que ha tenido la firma digital sobre la Sociedad de la Información.

Continúa en página siguiente >>

<< *Viene de página anterior*

https://redirectoronline.com/ifcm012po0200

Además de todo lo anterior, podemos adjudicar a la firma digital la siguiente **desventaja:**

Necesitamos de un tercero de confianza,
más concretamente conocido con el nombre
de autoridad certificadora de confianza.

 **DEFINICIÓN**

Autoridad certificadora de confianza

Es una entidad cuyo fin es responsabilizarse de la emisión y revocación de los certificados digitales que se usan en la firma electrónica. Además, una autoridad certificadora de confianza puede ofertar otros servicios como la publicación de certificados, publicación de lista de certificados revocados, comprobación de la validez de los certificados.

A continuación, en la siguiente imagen puedes ver las autoridades certifica-
doras de confianza disponibles en la página web del **Portal de la Administración Electrónica (PAE):**

Autoridades de certificación reconocidas por la sede electrónica

 **PARA SABER MÁS**

Puedes consultar el siguiente PDF creado por la Real Casa de la Moneda (Fábrica Nacional de la Moneda y Timbre), en el que se nos indican una serie de
conceptos asociados con la firma digital:

https://redirectoronline.com/ifcm012po0203

ACTIVIDAD COMPLEMENTARIA

3. Indica al menos tres aspectos en los que la firma digital haya cambiado o modificado tu vida cotidiana respecto a tiempo atrás.

 TAREA 2

Juan es un agricultor de edad avanzada. Acaba de iniciar los trámites para solicitar una subvención agraria y en el organismo competente le han indicado que es conveniente que disponga de firma digital ya que así el proceso será más ágil. Aunque Juan piensa que no es necesario, su hija le ha informado que será mejor para él si tiene esta herramienta. ¿Cuáles son las ventajas que la hija le ha indicado a Juan para convencerlo? Realiza una breve explicación de cada una.

---

3. Resumen

Definimos la Sociedad de la Información como aquella en la que cualquier persona puede crear, acceder, usar y compartir la información y el conocimiento para hacer que otras personas o comunidades puedan desarrollarse de forma sostenible. Algunas de las características intrínsecas de la Sociedad de la Información son:

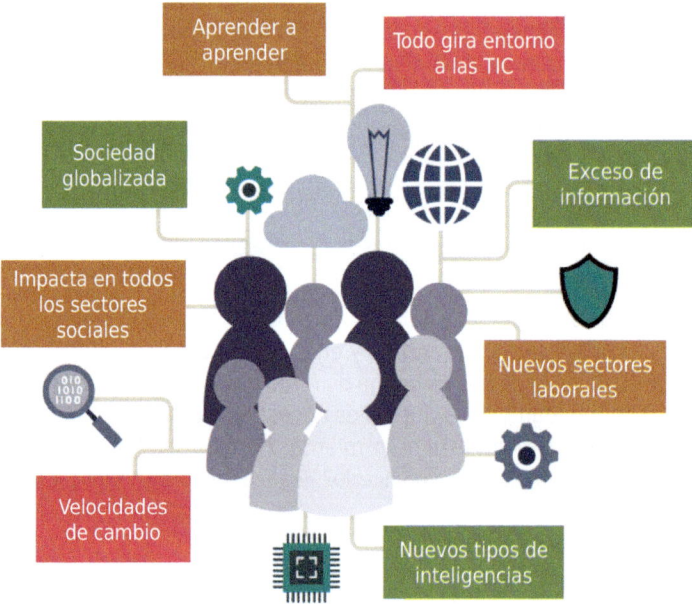

Los **tres pilares** sobre los que se fundamenta la Sociedad de la Información son las tecnologías, la información y la sociedad.

Las principales **ventajas** y **desventajas** asociadas a las nuevas tecnologías y a las TIC en la Sociedad de la Información son:

Ventajas	Desventajas
- Comunicación	- Medio de acceso
- Facilidad	- Deterioro de las relaciones
- Accesos	- Adiciones
- Interactividad	- Sedentarismo
- Libertad	- Pérdida de fuentes
- Autopromoción	- Consumismo

Las ventajas que han aportado a la firma digital la influencia de las nuevas tecnologías y las TIC son mayor seguridad e integridad en documentos, confidencialidad de la información, disminución en los tiempos de ejecución, etc.

Ejercicios de autoevaluación
Unidad de Aprendizaje 2

1. Determina si la siguiente afirmación es verdadera o falsa: "Definimos Sociedad de la Información como aquella en la que cualquier persona puede crear, acceder, usar y compartir la información y el conocimiento para hacer que otras personas o comunidades puedan desarrollarse de forma sostenible".

   - Verdadero
   - Falso

2. Indica cuáles de las siguientes opciones son características intrínsecas de la Sociedad de la Información:

   a. Todo gira en torno a las TIC.
   b. Escasez de información.
   c. Sociedad globalizada.
   d. Desaprender lo aprendido.

3. Señala si la siguiente afirmación es verdadera o falsa: "En la actualidad, la sociedad está basada en el conocimiento, debido a la llamada inteligencia emocional".

   - Verdadero
   - Falso

4. Los pilares de la Sociedad de la Información son:

   a. Información.
   b. Información y tecnologías.
   c. Información, tecnologías y sociedad.
   d. Información, tecnologías, sociedad y empresas.

5. La herramienta que nos permite acceder a la Sociedad de la Información y el Conocimiento es:

   a. La información.
   b. La sociedad.

c. La tecnología.
d. El conocimiento.

6. Determina si la siguiente afirmación es verdadera o falsa: "Una característica relacionada con el cambio que las NN. TT. y las TIC han propiciado en la Sociedad de la Información es la que está relacionada con la interactividad".

- Verdadero
- Falso

7. ¿A qué hace referencia la neutralidad de las TIC?

a. A la reacción que se produce entre internet y el usuario.
b. Al cambio que se ha producido en el estilo de vida del usuario debido a las nuevas tecnologías.
c. A la responsabilidad de cada usuario para conocer dónde tiene que establecer sus propios límites en relación a la veracidad de la información de internet.
d. A la facilidad de aprendizaje por el entorno interactivo en el que se desarrolla.
e. Las TIC han cambiado nuestro estilo de vida en todos los ámbitos, pero solo se han limitado a eso, no lo han cambiado ni para bien ni para mal; depende del uso razonable que hagamos cada uno de nosotros/as sobre las NN. TT. y la forma en la que las apliquemos a nuestras vidas o trabajos.

8. ¿Cuál de las siguientes opciones es una ventaja de la Sociedad de la Información asociada a las nuevas tecnologías y de las TIC?

a. Interactividad
b. Autopromoción
c. Libertad
d. Adición

9. Indica si la siguiente afirmación es verdadera o falsa: "La autopromoción es uno de los grandes problemas asociados a las NN. TT. y a las TIC".

- Verdadero
- Falso

10. Una de las ventajas que conlleva el uso de la firma digital es...

      a. ... la disminución en los tiempos de ejecución.
      b. ... la disminución de la productividad.
      c. ... la disminución de la competitividad.
      d. ... la disminución de la seguridad.

Normativa reguladora

Contenido

Objetivos

El objetivo general de esta Unidad de Aprendizaje es:

→ Conocer la normativa reguladora para el comercio electrónico y la firma digital.

El objetivo específico de esta Unidad de Aprendizaje es:

→ IIdentificar aspectos legales de la normativa que regula el comercio electrónico.

1. Introducción

Actualmente pensamos que, con hacer un desarrollo *online* por parte de un programador o grupo de programadores, podemos iniciar nuestra aventura de tener un comercio *online*. Esto no es así, pues hay una serie de leyes que debemos cumplir y una serie de requisitos que hemos de aceptar para poder empezar a trabajar como comercio electrónico. Aparte de lo anterior, también tenemos que saber que los datos o información que guardamos como correo son sensibles y están regulados por una determinada ley.

Durante el desarrollo de esta unidad nos centraremos en la seguridad jurídica en torno al comercio electrónico y en cuanto a la firma digital, conociendo las principales leyes que debemos asumir si queremos participar de forma totalmente legal y no estar expuestos a las multas que indican dichas leyes.

Para ello nos basaremos en el caso de Royo Expertos Tecnológicos, S. L., que, dentro del sector informático, ofrecen soluciones a sus clientes para trabajar con la seguridad informática y las firmas digitales.

2. Seguridad jurídica: normativa sobre comercio electrónico en España

 **HILO CONDUCTOR**

En Royo Expertos Tecnológicos, S. L, siempre que un cliente les comenta la idea de iniciar un nuevo negocio *online* ponen a su disposición toda la normativa reguladora para el comercio electrónico, así como la LOPDGDD, para que sus clientes siempre tengan constancia de lo que implica no cumplir estas normativas y leyes.

Muchas veces pensamos en los comercios electrónicos, pero no sabemos la cantidad de leyes y obligaciones que deben cumplir para poder funcionar.

Cualquier tipo de negocio *online* lleva implícitas la aceptación de una **identidad jurídica, responsabilidades fiscales** y una serie de **obligaciones o restricciones** que están íntimamente ligadas con la **sociedad de la información y el comercio electrónico.**

La creación de un negocio o comercio *online* implica una serie de **trámites,** que dependerán de lo siguiente:

Si es una actividad adicional a un comercio físico	Si es una empresa de nueva creación

- Solo se necesita el alta en un nuevo epígrafe del IAE.	- Alta censal (modelo 036) en la Agencia Tributaria. - Alta como empresario individual o autónomo en la Seguridad Social.

Aun cumpliendo todo lo anterior, surgen una serie de dudas o necesidades tanto del lado del comprador (cliente) como del lado del vendedor (comercio *online* u electrónico), que se identifican con el nombre de **obligaciones y derechos legales,** que afectan al comprador y al vendedor.

Son estas obligaciones y derechos legales los que precisamente intentan proteger a ambos agentes (comprador y vendedor) si ocurriese algo fuera de lo común en dicho proceso de compra. A continuación describiremos las **leyes** que regulan estas obligaciones y derechos.

2.1. Ley 7/1996, de 15 de enero, de Ordenación del Comercio Minorista

Mediante esta ley se pretende regular las ventas a distancia que son aquellas en las que no hay presencia física entre ambas partes (cliente y tienda). Aborda aspectos tales como las transacciones y pagos, los derechos de desistir por parte del cliente de la operación y que regula también las operaciones que se efectúen con tarjetas de crédito. Esta ley dictamina que las tiendas *online* o comercios electrónicos deben cumplir con ciertas condiciones tales como:

➲ **Información detallada del producto:** deben aparecer los datos referentes a proveedor, características del producto, precio, los gastos de envío asociados, formas de pago del producto, modalidad de entrega y validez en caso de que se trate de una oferta.

- **Plazos de envío del producto:** en el caso de no indicar el plazo de duración de la oferta, se asume por hecho que debe hacerse dentro de los 30 días siguientes a su recepción por parte de la tienda o comercio *online*.
- **Derecho de desistimiento:** el cliente o usuario *online* dispone de 7 días contados desde la fecha de recepción del producto para desistir libremente del mismo.

2.2. Ley 34/2002, de 11 de julio, de Servicios de la Sociedad de la Información y del Comercio Electrónico (LSSI)

Se trata de la ley principal mediante la cual se pretende regular el comercio electrónico, de tal forma que se equipara con el comercio normal o tradicional. Además, también se regulan las obligaciones del vendedor a la hora de vender en internet. Esta ley se corresponde con el ordenamiento interno español de la Directiva 2000/31/CE en la que se establecían los principios que habría que dejar constancia sobre los servicios de comercio a través de redes de comunicaciones. Esta ley implica:

- **Deber de información:** se obliga a publicar una serie de datos e información de la tienda o comercio *online* tales como: nombre o denominación social, domicilio social de la empresa, dirección de correo electrónico, número de identificación fiscal, datos de inscripción en el registro mercantil o profesional, códigos de conductas a los que está adherida y acceso a ellos.
- **Contratación *online*:** con ella se pretende obligar a informar al cliente con información detallada sobre el proceso de contratación electrónica, el cual debe ser tanto anterior como posterior a esta contratación.
- **Política de *cookies*:** se obliga a incluir un procedimiento para consentir la previa utilización de estas mediante una política.

2.3. Reglamento General de Protección de Datos (UE) 2016/679 (RGPD)

Este reglamento es de aplicación directa. Entre sus novedades están:

- Principios:

  - **Principio de responsabilidad:** debemos implementar mecanismos necesarios que permitan saber que las medidas que se están tomando son correctas. Es la parte de las organizaciones o empresas las que deben demostrar dichas exigencias.

- **Principio de protección de datos por defecto y desde el diseño:** se deben aplicar medidas que garanticen el cumplimiento de esta norma desde el mismo momento en el que diseñamos la empresa, el producto, servicio o actividad que vamos a ofrecer.
- **Principio de transparencia:** todos los avisos legales, junto con las políticas de privacidad, deben ser lo más simples posibles para que se facilite su comprensión por parte de los usuarios.
- **Obligaciones para empresas, administraciones y otras entidades:**

  - En ciertas ocasiones se creará el perfil del delegado de protección de datos (DPO) que podrá ser interno o externo.
  - En ciertas ocasiones se necesitarán realizar evaluaciones de impacto sobre la privacidad, las cuales darán como resultado los riesgos específicos de tratar con datos sensibles de usuarios.
  - Las grandes multinacionales tendrán a un solo interlocutor, es lo que se denomina Ventanilla Única.
  - Atención especial merecen las brechas de seguridad que deben ser puestas en conocimiento inmediato de la autoridad de control en un plazo máximo de 72 horas.
  - En los datos sensibles se incluyen datos genéticos y biométricos, infracciones y condenas penales, aunque no las administrativas.
  - La selección de un encargado implica que este cumpla con las garantías de cumplimiento normativo.
  - Garantías adicionales para las transferencias de datos. Las garantías son mucho más estrictas y se establecen mecanismos de seguimiento con lo relativo a transferencias internacionales.
  - Sellos y certificaciones que permiten la acreditación por parte de las empresas.
  - Desaparece la obligación de inscribir los ficheros, se sustituye por un control interno.
  - Sanciones. Se establecen sanciones de hasta 20 millones de euros o bien el 4 % de la facturación global anual.

- Derechos para los ciudadanos:

  - **Transparencia e información:** se debe proporcionar mayor información y que sea mucho más inteligible, completa y sencilla para los usuarios.
  - **Consentimiento:** el consentimiento para poder tratar con los datos de carácter personal ha de ser inequívoco.
  - **Derecho al olvido:** se puede revocar el consentimiento anterior en cualquier momento o incluso que se nos exija la supresión y eliminación de dichos datos.

- **Derecho a la limitación del tratamiento:** permite a cualquier ciudadano solicitar un bloqueo temporal del tratamiento de sus datos.
- **Portabilidad de los datos:** el usuario puede solicitar que sus datos personales se traspasen de un proveedor a otro de internet.
- **Denuncias:** se pueden presentar denuncias a través de las correspondientes asociaciones de usuarios.
- **Indemnizaciones:** se reconoce la posibilidad de exigir indemnizaciones por daños y perjuicios derivados del tratamiento de los datos.

 PARA SABER MÁS

La Ley 34/2002 se considera una de las normas más importantes en la regulación jurídica del comercio electrónico. De ahí que el Ministerio haya habilitado una página web dedicada íntegramente a su desarrollo. Accede al siguiente enlace para consultar cualquier información relacionada con esta normativa:

https://redirectoronline.com/ifcm012po0301

2.4. Real Decreto Legislativo 1/2007, de 16 de noviembre, por el que se aprueba el texto refundido de la Ley General para la Defensa de los Consumidores y Usuarios y otras leyes complementarias

A través de esta ley se pretende la mejora en la protección de consumidores y usuarios con las siguientes medidas:

- Consolida todas las leyes previas en un solo texto.
- Protege derechos básicos como garantías, seguridad o protección contra cláusulas abusivas. Algunos de los derechos de consumidor en compras online son:

  - Desistimiento: 14 días para devolver (sin justificación).
  - Información clara sobre producto, precio y garantías.

◑ Prohibición de cláusulas abusivas (ej.: reembolsos en vales).

⮑ Regula deberes de empresas en contratos con consumidores (incluidas las ventas *online).*

⮑ Actualiza sanciones por prácticas comerciales engañosas.

2.5. Otras normativas

Además de la normativa anterior, se debe tener en cuenta la que se muestra a continuación, al estar relacionada con la actividad desarrollada en el comercio electrónico. El empresario ha de cumplir con la legislación que afecta a su negocio, ya que el desconocimiento de la ley no le exime de su cumplimiento.

Reglamento (UE) n ° 910/2014 del Parlamento Europeo y del Consejo, de 23 de julio de 2014, relativo a la identificación electrónica y los servicios de confianza para las transacciones electrónicas en el mercado interior
- El Reglamento eIDAS está vigente desde julio de 2016 en toda la UE e incluye:
    - Unificación de estándares de identificación electrónica y servicios de confianza (firmas, sellos y certificados).
    - Reconoce 3 niveles de firma: simple, avanzada y cualificada.
    - Garantiza efecto transfronterizo (válida en todos los países de la UE).

Reglamento (UE) 2019/1150 del Parlamento Europeo y del Consejo, de 20 de junio de 2019, sobre el fomento de la equidad y la transparencia para los usuarios profesionales de servicios de intermediación en línea
- Regula relaciones entre empresas y plataformas *(Amazon, eBay).*
- Exige transparencia en *rankings* y condiciones de venta.

Ley Orgánica 3/2018, de 5 de diciembre, de protección de datos personales y garantía de los derechos digitales
- La LOPDGDD es la normativa española que regula el tratamiento de los datos personales de los sujetos, con carácter general. Además, hace referencia a:
    - Protección de datos en transacciones *online.*
    - Requerimiento del consentimiento explícito para usar datos personales.

Continúa en página siguiente >>

<< Viene de página anterior

Ley 3/1991, de 10 de enero, de Competencia Desleal
- A través de esta ley se vigila y protege la competencia que se ocasiona entre los integrantes del mercado, para que no se produzcan actos de competencia desleal o de publicidad ilícita.

Ley 34/1998, de 11 de noviembre, General de Publicidad
- Cuando estemos llevando a cabo labores de publicidad de nuestra empresa, debemos tener en cuenta esta ley, dado que nos dice la normativa que tenemos que aplicar al servicio o producto en concreto.

Ley 7/2022, de 8 de abril, de residuos y suelos contaminados para una economía circular
- Afecta a la venta *online* de alimentos al establecer una obligación de trazabilidad.

 ## PARA SABER MÁS

La competencia desleal es un aspecto muy importante en la actividad del comercio en general, de ahí que tenga una ley propia. Accede al siguiente enlace donde podrás encontrar información detallada sobre el contenido de la Ley 3/1991, de 10 de enero:

https://redirectoronline.com/ifcm012po0302

ACTIVIDAD COMPLEMENTARIA

4. Elige al menos dos comercios *online* españoles y navegar por su web buscando si cumple con los siguientes requisitos:

- · Datos identificativos (nombre, NIF, domicilio).
- · Condiciones de contratación claras.
- · Política de *cookies* visible + botón **ACEPTAR.**
- · Información previa al pago (gastos envío, derecho desistimiento).
- · Comunicaciones comerciales: opción "No enviar publicidad".
- · Para ello puedes marcar en un listado lo que cumple y no cumple cada comercio.

TAREA 3

Mario está en pleno proceso de creación de una tienda *online* dedicada a la venta de camisetas deportivas y no sabe cuáles son las principales normas legales que debe tener en cuenta en las transacciones de su futuro negocio. Realiza un listado con las principales leyes por las que se rige el comercio electrónico en España.

3. Resumen

En los trámites a realizar en la creación de un negocio *online,* se debe tener en cuenta si la actividad es complementaria a un negocio físico o, por el contrario, es una empresa nueva. En el primer caso solo se requiere la inclusión en un nuevo epígrafe del IAE, y en el segundo, el alta censal en la Agencia Tributaria y el alta como autónomo en la Seguridad Social.

Las leyes que regulan estas obligaciones y derechos en un proceso de compra, tanto de la parte del vendedor como del comprador, son:

Reglamento General de Protección de Datos (UE) 2016/679 (RGPD)

Ley 7/1996, de 15 de enero, de Ordenación del Comercio Minorista

Ley 34/2002, de 11 de julio, de Servicios de la Sociedad de la Información y del Comercio Electrónico (LSSI)

Real Decreto Legislativo 1/2007, de 16 de noviembre, por el que se aprueba el texto refundido de la Ley General para la Defensa de los Consumidores y Usuarios y otras leyes complementarias

Además de las leyes anteriores, debemos tener presentes las siguientes:

Reglamento (UE) n ° 910/2014 del Parlamento Europeo y del Consejo, de 23 de julio de 2014 , relativo a la identificación electrónica y los servicios de confianza para las transacciones electrónicas en el mercado interior

Reglamento (UE) 2019/1150 del Parlamento Europeo y del Consejo, de 20 de junio de 2019, sobre el fomento de la equidad y la transparencia para los usuarios profesionales de servicios de intermediación en línea

Ley Orgánica 3/2018, de 5 de diciembre, de protección de datos personales y garantía de los derechos digitales

Ley 3/1991, de 10 de enero, de Competencia Desleal

Ley 34/1998, de 11 de noviembre, General de Publicidad

Ley 7/2022, de 8 de abril, de residuos y suelos contaminados para una economía circular

Ejercicios de autoevaluación
Unidad de Aprendizaje 3

1. Determina si la siguiente afirmación es verdadera o falsa: "Actualmente toda la legislación del comercio electrónico y de la firma digital se centra en una sola Ley de Identidad Digital".

   ■ Verdadero
   ■ Falso

2. Indica cuál de los siguientes conceptos no se identifica con la creación de un comercio electrónico:

   a. Crear la empresa.
   b. Alta en la Seguridad Social.
   c. Alta en el censo económico y código de identificación fiscal.
   d. Registro en la sociedad estatal de empresas.

3. Cuando decimos que "permite a cualquier ciudadano solicitar un bloqueo temporal del tratamiento de sus datos", hablamos de:

   a. Derecho a la limitación del tratamiento.
   b. Denuncias.
   c. Indemnizaciones.
   d. Consentimiento.

4. La ley que indica que hay que dar información detallada del producto, de los plazos de envío del producto, así como de los derechos de desistimiento, es:

   a. Ley 7/1996, de 15 de enero.
   b. Ley 34/2002, de 11 de julio.
   c. Ley Orgánica 3/2018, de 5 de diciembre.
   d. Ley 7/1998, de 13 de abril.

5. La ley que trata sobre el deber de informar, contratación *online* y política de *cookies* es:

   a. Ley 7/1996, de 15 de enero.
   b. Ley 34/2002, de 11 de julio.

c. Ley Orgánica 3/2018, de 5 de diciembre.

d. Ley 7/1998, de 13 de abril.

6. Cuando decimos "todos los avisos legales junto con las políticas de privacidad deben ser lo más simples posibles para que se facilite su comprensión por parte de los usuarios", nos referimos a:

a. Principio de responsabilidad.

b. Principio de protección de datos.

c. Principio de transparencia.

d. Principio de diseño.

7. Si el contrato que se lleva acabo implica el uso de firma electrónica, será necesario cumplir íntegramente el contenido de la ley:

a. Ley 7/1996, de 15 de enero.

b. Ley 6/2020, de 11 de noviembre.

c. Ley Orgánica 3/2018, de 5 de diciembre.

d. Ley 7/1998, de 13 de abril.

8. Cuando estemos llevando a cabo labores de publicidad de nuestra empresa, debemos tener en cuenta la ley:

a. Ley 7/1996, de 15 de enero.

b. Ley 6/2020, de 11 de noviembre.

c. Ley 34/1998, de 11 de noviembre.

d. Ley 7/1998, de 13 de abril.

9. Cuando hablamos de que deben aparecer los datos referentes a proveedor, características del producto, precio, gastos de envío asociados, formas de pago del producto, modalidad de entrega y validez en caso de que se trate de una oferta, hacemos referencia a:

a. Plazos de envío del producto.

b. Derecho de consentimiento.

c. Derecho de desistimiento.

d. Información detallada del producto.

10. Señala si la siguiente afirmación es verdadera o falsa: "El principio de responsabilidad del RGPD indica 'debemos implementar mecanismos necesarios que permitan saber que las medidas que se están tomando son correctas".

  - Verdadero
  - Falso

Solicitud y obtención

Contenido

Objetivos

El objetivo general de esta Unidad de Aprendizaje es:

→ Saber cómo solicitar y obtener la firma digital.

El objetivo específico de esta Unidad de Aprendizaje es:

→ Identificar los pasos para la obtención de la firma digital.

1. Introducción

Hoy en día, tanto las personas como las empresas tienen la posibilidad de obtener la firma digital para poder trabajar con ella en el mundo digital u *online*. De esta forma, es más fácil y accesible realizar transacciones con la Administración pública, ya que si el usuario no dispone de firma digital (certificado electrónico), tendría que realizar desplazamientos y soportar turnos y tiempos de espera. Cada vez más las transacciones que se realizan con la Administración pública son por medios electrónicos o telemáticos.

Durante el desarrollo de esta unidad veremos la tecnología asociada a la firma digital para que no pueda ser falsificada ni suplantada por otra. También veremos el proceso de firma digital en el cual partiremos de un documento original que firmaremos, y veremos los procesos hasta que llega al destinatario como documento firmado digitalmente. También se abordarán los aspectos esenciales para poder obtener una firma digital y trabajar con ella.

Para ello nos basaremos en el caso de Royo Expertos Tecnológicos, S. L., que, dentro del sector informático, ofrece soluciones a sus clientes para trabajar con la seguridad informática y las firmas digitales.

2. Seguridad tecnológica

 HILO CONDUCTOR

En Royo Expertos Tecnológicos, S. L., siempre que algún cliente o empresa les comunica que quiere obtener la firma digital, envían un documento PDF en el cual se explican las claves tecnológicas con las que trabaja la firma digital.

El término **seguridad tecnológica** hace referencia a mucho más que un simple antivirus, de tal forma que se trata de la conjunción del *hardware*, el *software* y las personas para plantear un mecanismo de seguridad ante posibles ataques que podamos sufrir. Dichos ataques pueden ser internos o bien externos a nuestra empresa.

Para establecer estos mecanismos de seguridad, hacemos uso de los siguientes elementos:

- **Antivirus:** los antivirus son programas informáticos cuyo fin es detectar posibles virus informáticos y otro tipo de amenazas (troyanos, gusanos, *spyware,* etc.). Siempre que se elija un *software* antivirus debe hacerse pensando en las necesidades reales de la empresa y, sobre todo, mantenerlo siempre al día con las actualizaciones correspondientes.
- **Actualizaciones:** es importante que siempre, en la medida de las posibilidades, mantengamos actualizados nuestros dispositivos y las aplicaciones que tengamos instaladas en ellos. Deberemos descartar aquellos sistemas operativos y aplicaciones que no dispongan de actualizaciones de seguridad.
- *Firewall:* conocido también con el nombre de "cortafuegos", permite gestionar y filtrar el tráfico entrante y saliente que hay en la red o en los ordenadores que conforman una red, de tal forma que, si se cumplen unas determinadas reglas, se deja pasar la información, y si no las cumple, se bloquea dicha información. De esta forma podemos prevenir la intrusión de software no deseado en nuestra red o equipos.
- **Control de usuarios:** se sabrá qué usuarios pueden acceder al sistema, qué información y qué rol tendrán; además, también podremos realizar seguimientos sobre los mismos con el fin de conocer qué hacen los usuarios en nuestros sistemas. Sobre todo debemos centrarnos en los usuarios que, sin formar parte de nuestra organización o empresa, intentan acceder a ella de forma fraudulenta.
- **Comportamientos:** referentes al usuario o empleados de nuestra organización, dado que de nada nos vale apostar por mecanismos de seguridad si el eslabón más débil de todo el conjunto (el usuario) no está lo suficientemente formado desde un punto de vista tecnológico.
- **Copia de seguridad:** más conocido con el nombre de *backups.* Es importante que, cada cierto tiempo, se lleven a cabo dichas copias de seguridad con el fin de asegurar la continuidad de los datos y documentos de la empresa en caso de que se produzcan fallos o ataques comprometidos.

3. Procedimiento de solicitud de la firma electrónica desde www.cert.fnmt.es

👉 **HILO CONDUCTOR**

Royo Expertos tecnológicos, S. L., siempre que es posible, inicia junto con sus clientes el proceso de solicitud de firma electrónica con el fin de que, en todo momento, puedan ver los pasos que tienen que realizar para que resulte un proceso lo más transparente y limpio posible.

La **firma electrónica** es un tipo de firma usada en medios *online* que se compone de un conjunto de datos electrónicos los cuales se asocian o anexan a un determinado documento de naturaleza digital y cuyas funciones son las siguientes:

Permitir la identificación del firmante inequívocamente
- Una firma electrónica va a identificar de forma digital a una determinada persona.

Asegurar la integridad del documento firmado
- Debe asegurarse de que, una vez que el documento ha sido firmado, no ha sufrido cambios respecto del documento original sin firmar electrónicamente, es decir, no ha sido manipulado con otros objetivos.

Asegurar la integridad de la firma
- Dado que la firma electrónica identifica digitalmente a un individuo, si este realiza dicha firma, no puede decir después que esa firma digital no es suya.

A continuación puedes ver cómo se lleva a cabo **el proceso básico de firma electrónica:**

Proceso asociado a la firma electrónica

- ◗ **Emisor:** el usuario tiene un documento electrónico y un certificado, el cual le pertenece además de identificarle.
- ◗ **Documento firmado:** de todo el proceso anterior, lo que se obtiene es un documento electrónico elaborado a partir del documento original del usuario y de sus claves de identificación. Dicho documento es el documento firmado electrónicamente.
- ◗ **Receptor:** una vez que estamos en posesión del documento firmado, es cuando podemos llevar a cabo su transmisión por un medio digital (normalmente internet) para hacérselo llegar a un determinado receptor.
- ◗ **Resumen *(hash):*** el dispositivo digital usado para la firma es el que realiza un resumen del documento del usuario (un documento de gran tamaño puede reducirse a unas pocas líneas). Este resumen es único y cualquier modificación en él implica también modificar todo proceso de resumen del documento y, por tanto, iniciar el proceso de firma para garantizar que el documento no ha sido alterado ni modificado una vez firmado.
- ◗ **Clave privada:** el dispositivo digital usa la clave que el usuario tiene en su poder para codificar el resumen que se ha generado del documento digital.
- ◗ **Firma electrónica:** el dispositivo digital genera otro documento electrónico que incluye el resumen codificado. Este documento es la firma electrónica.

 **PARA SABER MÁS**

Puedes acceder al siguiente link del Servicio Público Estatal de Empleo (SEPE) donde se explican una serie de preguntas frecuentes sobre la firma electrónica:

https://redirectoronline.com/ifcm012po0404

Los requisitos necesarios para poder **obtener un certificado digital** y poder **firmar digitalmente documentos** son los siguientes:

Ser persona física (no pueden hacerlo entidades jurídicas).

Contar con un dispositivo informático con conexión a internet.

Acceder a la página web de la Fábrica Nacional de Moneda y Timbre.

IMPORTANTE

Si tienes problemas a la hora de obtener tu certificado digital, puedes consultar el siguiente enlace en el que se explica cómo configurar los navegadores para que no den errores:

https://redirectoronline.com/ifcm012po0402

Para comenzar el proceso que hay que seguir para la obtención del certificado digital, debes seguir estos pasos principales:

1. **Accede a la página de la FNMT:** en primer lugar, se accede a la página oficial de la Fábrica Nacional de Moneda y Timbre a través de la siguiente dirección: <http://www.fnmt.es/.>

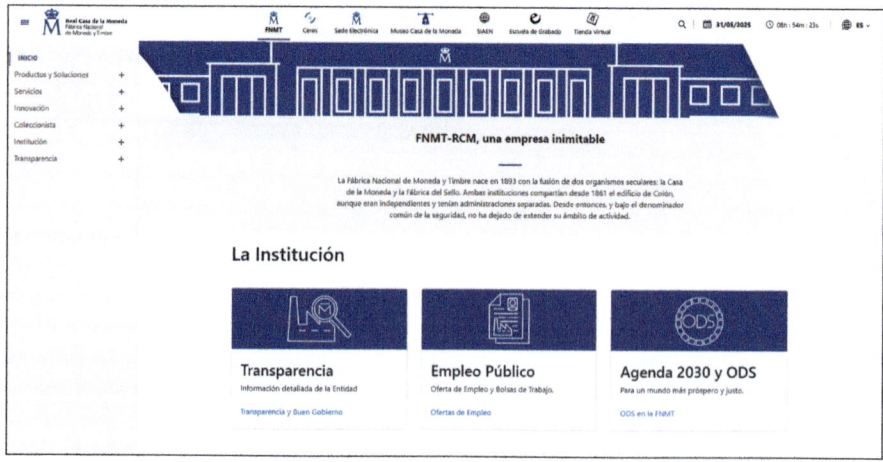

FNMT, donde es posible obtener un certificado digital de persona física.

2. **Accede a "Certificación digital":** en la pantalla principal de la web de la FNMT, en el menú superior, pulsa en la pestaña **Servicios** y, posteriormente, en el menú que aparece a la izquierda selecciona la opción Certificación digital. Puedes comenzar con el proceso pulsando en la opción **Obtenga el certificado de usuario.**

Página de servicios de la web oficial de la Fábrica Nacional de Moneda y Timbre en la que se encuentra la certificación digital.

3. **Accede a "Cert. Electrónico Ciudadano":** en la siguiente ventana que aparece, se pulsará sobre una de las opciones que existen para obtener el certificado electrónico, siendo la más común **Certificado con DNIe.**

Sede Electrónica de la FNMT donde se puede obtener un certificado con Vídeo Identificación, entre otros servicios.

Una vez que estamos en la página de "Certificado con Acreditación Presencial", el proceso de obtención está compuesto por **cuatro etapas** que deben realizarse en el orden indicado en la Sede Electrónica de la FNMT, que es el siguiente:

A continuación, se explicarán cada una de las fases necesarias para obtener el certificado.

PASO 1. Consideraciones previas y configuración del navegador

Para comenzar con el proceso de obtención del certificado digital, en este primer paso se detallan una serie de recomendaciones encaminadas a evitar problemas técnicos durante el mismo. Además, se informa de los navegadores que son mejores para el proceso y se especifica la configuración necesaria dependiendo del navegador elegido.

Consideraciones previas antes de la obtención del certificado digital

---

PASO 2. Solicitud vía internet

En este paso se solicita el certificado de persona física a la Fábrica Nacional de Moneda y Timbre. Para ello, se cumplimenta un pequeño cuestionario y se siguen las instrucciones que se adjuntan en él. La siguiente imagen muestra la ventana de la solicitud:

Cuestionario asociado a la obtención del certificado digital en FNMT

En el cuestionario anterior deberemos rellenar los datos que nos piden, como el NIF o NIE, nuestro primer apellido (tal y como figura en nuestro DNI) y una dirección de correo electrónico de la que seamos poseedores y donde vamos a recibir el código de la solicitud del certificado digital.

Una vez rellenados los campos y aceptadas las condiciones de expedición del certificado digital, pulsaremos en el botón **Enviar petición** y aceptaremos la confirmación de solicitud que puedes ver en la siguiente imagen:

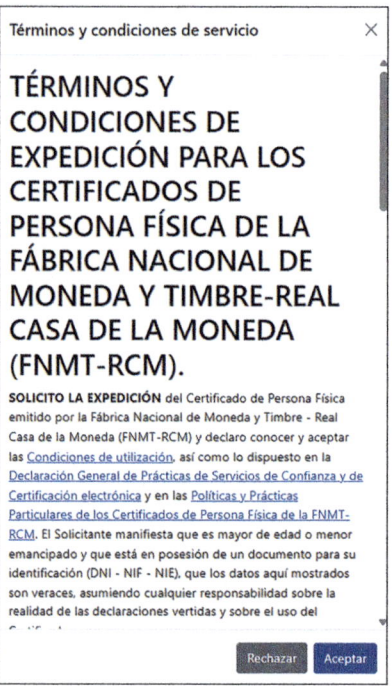

Ventana de términos y condiciones de expedición

Una vez que aceptemos, nos aparecerá la siguiente pantalla en la cual se resume el estado del proceso.

Solicitud de Certificado

SOLICITUD DE CERTIFICADO FNMT DE PERSONA FÍSICA

Su solicitud ha sido procesada correctamente.

Por favor compruebe la exactitud de los datos introducidos:

Nº DEL DOCUMENTO DE   00000000T
IDENTIFICACIÓN

PRIMER APELLIDO   Español

En breve recibirá en su cuenta de correo electrónico **mi.correo@electronico.com** su CÓDIGO DE SOLICITUD. Este código y la documentación sobre su identidad le serán requeridos por la Oficina de Registro a la que se dirija para acreditar su identidad así como para la descarga de su certificado una vez que haya sido generado.

Asegúrese de que el correo electrónico asociado a su certificado es correcto, ya que a través de éste se enviarán todas las notificaciones sobre el ciclo de vida de su certificado.

Si el proceso ha finalizado con éxito, recibiremos en nuestro correo electrónico la siguiente información:

Estimado/a Sr/a Español:

A continuación, le facilitamos el CÓDIGO DE SOLICITUD del Certificado FNMT de Persona Física que nos ha solicitado:

00000000T

Con este Código de Solicitud y la documentación de su identidad requerida, deberá personarse en cualquiera de las Oficinas de Registro Autorizadas por la FNMT-RCM para acreditar su identidad. Para su comodidad, puede usted hacer uso de nuestro servicio de localización de las Oficinas más cercanas, que encontrará en nuestra Sede Electrónica en ACREDITAR SU IDENTIDAD.

Así mismo le recordamos que con la emisión de su nuevo certificado FNMT de Persona Física, el solicitante autoriza a la FNMT-RCM a revocar y dejar sin efecto cualquier certificado del mismo tipo que la FNMT-RCM le haya emitido con carácter previo e idénticos nombre, apellidos y NIF/NIE.

Agradecemos sinceramente su interés por nuestros certificados.

Atentamente,

CONSEJO

Se recomienda no perder este correo o anotar el código que nos han facilitado, dado que posteriormente deberemos usarlo junto a otros datos más de control para poder realizar la descarga del certificado digital.

- -

PASO 3. Acreditar la identidad en una oficina de registro

El siguiente paso que debemos dar es acreditar nuestra identidad en una de las oficinas que la Sede Electrónica pone a nuestra disposición. Si no fuera posible personarse en dichas oficinas, podría hacerlo un tercero en su nombre, siempre y cuando presente la correspondiente legitimación de su firma del contrato ante notario.

Tanto la documentación para acreditar la identidad como las oficinas donde puede hacerlo se detallan en la página del paso 3 de la Sede Electrónica de la FNMT.

Acreditación de identidad en FNMT

PASO 4. Descargar certificado de usuario

Acreditada nuestra identidad, podemos proceder a descargar nuestro certificado digital, eso sí, usando para ello el mismo ordenador, navegador y usuario donde se inició el proceso de solicitud del mismo. En este caso accedemos a "Descargar certificado" en la página de la FNMT y tendremos la siguiente ventana:

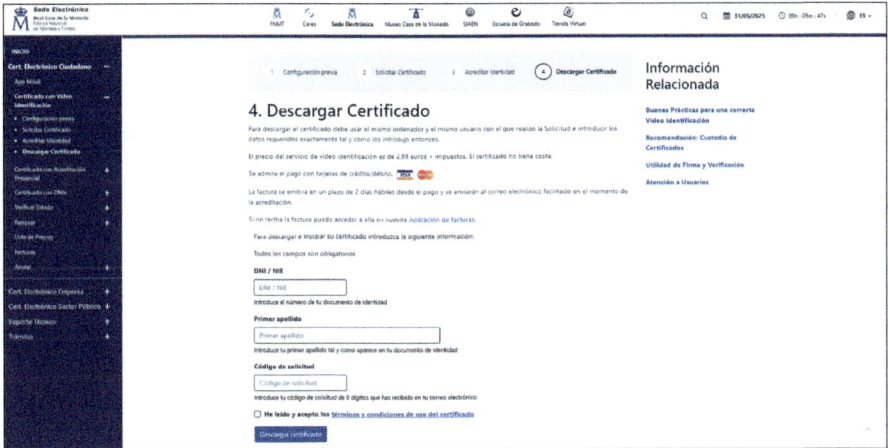

Descarga del certificado en la FNMT

Rellenando los campos correspondientes al DNI, primer apellido y código de solicitud recibido en nuestro correo, ya podemos pulsar en el botón de descarga del certificado digital para descargarlo en nuestro equipo.

 ACTIVIDAD COMPLEMENTARIA

5. Indica al menos tres sitios donde podrías utilizar el certificado digital.

TAREA 4

Carlos necesita el certificado digital para firmar un documento a través de la Sede Electrónica de una Administración pública. ¿Qué deberá hacer para obtenerlo?

Identifica y desarrolla los pasos que deberá dar Carlos para obtener su certificado digital.

----

4. Resumen

Para establecer mecanismos de seguridad ante posibles ataques, hacemos uso de los siguientes elementos:

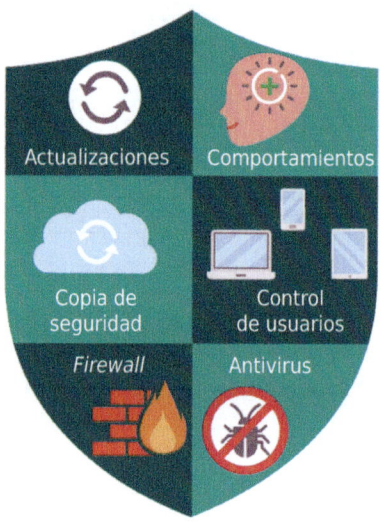

Gracias a la firma electrónica se puede identificar al firmante de forma inequívoca, asegurar la integridad del documento firmado y la de la propia firma.

Los elementos que intervienen en un proceso de firma electrónica son los siguientes:

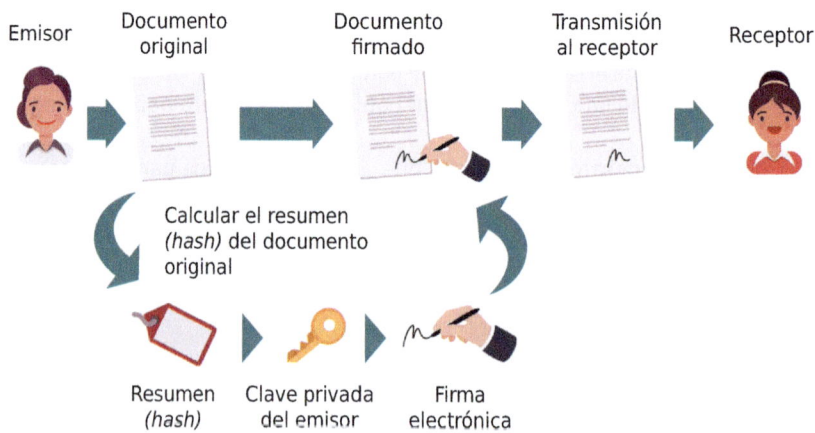

Para poder firmar electrónicamente documentos se requiere estar en posesión de un certificado digital, el cual necesita que el interesado sea una persona física, disponga de un dispositivo informático con conexión a internet y acceda a la página web de la FNMT.

El proceso para obtener el certificado digital empieza con el acceso a la página de la FNMT, al apartado "Certificación digital" y a la opción "Certificado de usuario".

Estos pasos se completan con los propios del certificado *software:*

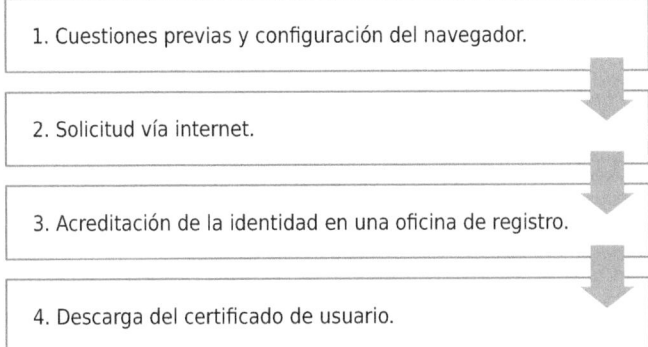

1. Cuestiones previas y configuración del navegador.

2. Solicitud vía internet.

3. Acreditación de la identidad en una oficina de registro.

4. Descarga del certificado de usuario.

Ejercicios de autoevaluación
Unidad de Aprendizaje 4

1. Indica si la siguiente afirmación es verdadera o falsa: "Los antivirus permiten gestionar y filtrar el tráfico entrante y saliente que hay en una red permitiendo o no el paso de información".

   ■ Verdadero
   ■ Falso

2. Señala si la siguiente afirmación es verdadera o falsa: "La firma electrónica es un tipo de firma usada en medios *online* que se compone de un conjunto de datos electrónicos, los cuales se asocian o anexan a un determinado documento de naturaleza digital".

   ■ Verdadero
   ■ Falso

3. Indica cuál de las siguientes no se corresponde con una función de la firma:

   a. Permitir la identificación del firmante inequívocamente.
   b. Asegurar la integridad del documento firmado.
   c. Asegurar la integridad de la firma.
   d. Usar algoritmos de cifrado de datos.

4. Para poder firmar digitalmente documentos necesitamos...

   a. ... ser personas físicas.
   b. ... ser entidades jurídicas.
   c. ... acudir físicamente a FMNT.
   d. ... pagar en el FMNT antes de obtener el certificado.

5. Indica cuál de los siguientes no es un requisito necesario para firmar digitalmente:

   a. Ser persona física.
   b. Contar con un dispositivo informático con conexión a internet.
   c. Acceder a la página web de FNMT.
   d. Disponer de un lector de certificados.

6. Señala cuál de los siguientes no es un paso válido para la obtención de un certificado digital:

   a. Solicitud del certificado por internet.
   b. Acreditación de identidad.
   c. Descarga del certificado.
   d. Instalación del certificado.

7. ¿Cuál es el primer paso que se tiene que dar para iniciar el proceso de obtención de un certificado *software?*

   a. Copia de seguridad.
   b. Solicitud del certificado.
   c. Configuración del navegador.
   d. Descarga del certificado.

8. En el proceso de obtención del certificado digital, podemos acreditar nuestra identidad con:

   a. Un código de solicitud enviado a nuestro correo.
   b. Mediante un par de claves que nos comunican vía mensaje de texto.
   c. Descargando una aplicación que monitorea nuestro DNI.
   d. Introduciendo nuestros datos personales.

9. Indica si la siguiente afirmación es verdadera o falsa: "En el proceso de descarga del certificado, deberemos presentar nuestros datos personales tales como el NIF o NIE, primer apellido y el código de solicitud.

   ■ Verdadero
   ■ Falso

10. Señala si la siguiente afirmación es verdadera o falsa: "El proceso de acreditación de la identidad en una oficina de registro lo debe realizar siempre el interesado que está obteniendo el certificado, sin que pueda ser realizado por un tercero en nombre de este".

   ■ Verdadero
   ■ Falso

Seguridad y recomendaciones

Contenido

Objetivos

El objetivo general de esta Unidad de Aprendizaje es:

→ Conocer la seguridad informática y la seguridad asociada a la firma digital.

El objetivo específico de esta Unidad de Aprendizaje es:

→ Identificar la seguridad asociada a la firma digital.

→ Aplicar los principios de integridad, confidencialidad, autenticidad y no repudio (origen/destino) en escenarios reales.

1. Introducción

Al hablar de seguridad informática se está haciendo referencia a un concepto bastante amplio que abarca muchos posibles escenarios. Normalmente, las empresas toman medidas de seguridad para vigilar sus datos, evitar la pérdida de los mismos, impedir que se produzcan accesos no autorizados por parte de quien no debe, etc.

Hoy en día, al estar presente cualquier empresa en un entorno como internet es cuando más se debe apostar por desarrollar medidas de seguridad. Estas deben abarcar aspectos de la información relacionados con la confidencialidad, integridad, disponibilidad y autenticación.

La implantación de medidas de seguridad en la empresa es requisito indispensable para salvaguardar y proteger la información que contienen los equipos informáticos.

Para ello nos basaremos en el caso de Royo Expertos Tecnológicos, S. L., que, dentro del sector informático, ofrece soluciones a sus clientes para trabajar con la seguridad informática y las firmas digitales.

2. Seguridad informática: seguridad y protección

 **HILO CONDUCTOR**

En Royo Expertos Tecnológicos S. L., tienen claro que la implantación de la seguridad en cualquier tipo de empresa es uno de los aspectos más importantes a considerar, sobre todo por las graves daños que puede ocasionar por ejemplo algún ataque en su sistema informático, por ello saben que han de trabajar previamente en la prevención de dicho ataque implantando medidas de protección.

Tendrán que concienciar a sus clientes de dicha importancia y, para ello, explicarles cuáles son y cómo funcionan dichos sistemas de seguridad y protección.

La seguridad informática es una rama de la seguridad de la información. Incluye medidas que van dirigidas a proteger el sistema informático de accesos no autorizados, utilización maliciosa de recursos, obtención de algún tipo de beneficio, etc. Algunas de estas medidas son *software* de antivirus, *firewalls,* desactivación de determinadas funciones de *software,* etc.

La seguridad informática se centra en tres aspectos fundamentales:

- **Hardware:** cualquier componente que se integra en un dispositivo informático o que controle el tráfico de una determinada red son posibles ejemplos de seguridad de *hardware.* Seguramente has oído hablar de cortafuegos *(firewall)* y servidores *proxy,* que son los que más se utilizan a nivel *hardware.* Otros, aunque menos comunes a los usuarios normales o básicos, son los sistemas hardware HSM, los cuales constan de módulos de seguridad para suministrar claves criptográficas, de descifrado y de autentificación frente a varios sistemas (servidores). Dentro de la seguridad *hardware* debemos englobar aquellas acciones que tomamos para proteger los equipos informáticos de cualquier daño físico.
- **Software:** la seguridad *software* se encarga de proteger este último frente a posibles ataques maliciosos por parte de piratas, hackers y otros riesgos, de tal forma que podamos seguir usando el *software* que tenemos instalado a pesar de estos riesgos. La mayoría de los problemas de seguridad *software* derivan de errores de implementación, desbordamientos de bufferes, técnicas erróneas de diseño, mala implementación del manejo de errores, etc., de modo que los ciberdelincuentes aprovechan estas vulnerabilidades software para atacar los equipos informáticos donde se encuentran instaladas. Además, si las aplicaciones software cuentan con conexión a internet, es cuando se duplica exponencialmente el riesgo en la seguridad. En informática existe una rama llamada ingeniería del *software,* que es la encargada de estudiar y dar solución a estos problemas.
- **Redes:** mediante la programación de "actividades" diseñadas para la red podemos proteger su uso, fiabilidad, integridad, seguridad de red y datos. Una vez que una amenaza o riesgo se ha introducido en una red, todos los dispositivos conectados a esta (ordenadores de sobremesa, portátiles, Smartphone, tabletas, etc.) corren el riesgo de ser infectados y provocar un caos en la red. A día de hoy las amenazas que podemos encontrarnos en la red son las siguientes:

  - Virus, gusanos y caballos de Troya.
  - *Software* de uso espía (espionaje) y publicitario.
  - Ataques de día cero (también conocidos como ataques de hora cero).
  - Ataques de *hackers.*
  - Ataques de denegación de servicio (DoS, DDoS).
  - Intercepción de datos o robo de los mismos.
  - Robo de identidades (suplantación).

En las redes, los componentes de seguridad más comunes son los siguientes:

- Antivirus.
- *Antispyware*.
- Cortafuegos (evitan accesos no autorizados).
- Sistema de prevención de intrusos (IPS).
- Redes privadas virtuales (VPN).

 PARA SABER MÁS

Accede a los siguientes enlaces en los que se analizan qué son y cómo funcionan algunos sistemas de seguridad: los cortafuegos, los sistemas de prevención de intrusos y las redes privadas virtuales.

Cortafuegos informáticos: qué son y para qué sirven

https://redirectoronline.com/ifcm012po0501

IPS (Intrusion Prevention System)

https://redirectoronline.com/ifcm012po0502

Qué es y cómo funciona una VPN o red privada virtual

https://redirectoronline.com/ifcm012po0503

La seguridad informática también se puede clasificar en función de otros criterios, como son:

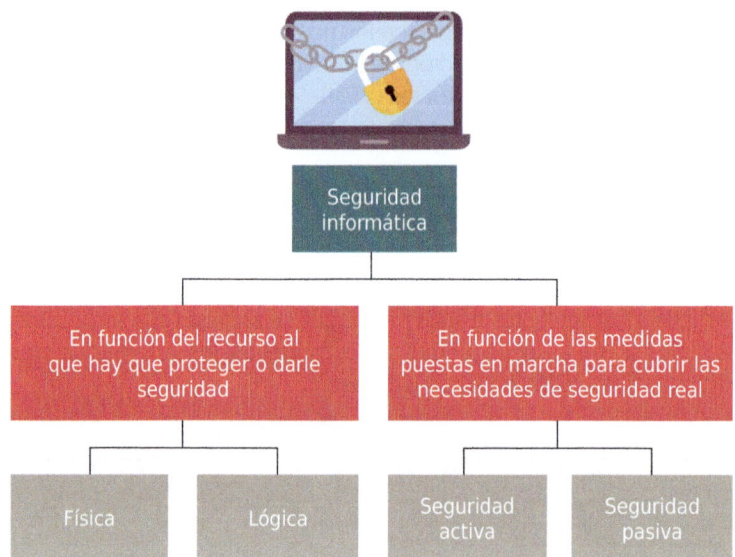

A continuación describimos en qué consiste cada tipo de seguridad:

- **Física:** la protección física consiste en dar protección a los recursos o elementos que tenemos disponibles ante desastres de tipo natural (incendios, terremotos, inundaciones, problemas radioactivos, etc.), así como amenazas del tipo robo, problemas eléctricos, etc.
- **Lógica:** la seguridad lógica no se centra en el tema físico, sino en todo lo contrario, en lo lógico, en el *software* o la información que un determinado equipo informático puede contener.
- **Seguridad activa:** este tipo de seguridad centra sus objetivos en prevenir o evitar los daños referentes a los sistemas o equipos informáticos, ya sean de hardware o bien *software* o de red. Las medidas más habituales a tomar en la seguridad activa son los antivirus, los controles de acceso a servidores, encriptación de la información o datos, o sistemas de redundancia *hardware.*
- **Seguridad pasiva:** la seguridad pasiva no es la parte contraria a la seguridad activa, sino más bien debemos asimilarla como un complemento que se pone en marcha cuando la seguridad activa no ha cubierto sus objetivos, es decir, la seguridad activa consistiría en prevenir o evitar frente a la seguridad pasiva que sería dar la solución al problema generado. Por ejemplo, el mecanismo más común usado en la seguridad pasiva

son las copias de seguridad con el fin de evitar la pérdida de información de los dispositivos informáticos.

NOTA

En el siguiente enlace puedes ver ejemplos reales relacionados con la seguridad activa, pasiva, física y lógica.

https://redirectoronline.com/ifcm012po0504

La **seguridad activa,** o **sistema reactivo,** es aquella que en informática se destina a prevenir cualquier tipo de ataque en un entorno o sistema informático.

La **seguridad pasiva,** o **sistema pasivo,** es aquella que en informática se centra en la minimización de los daños causados por un usuario, por un accidente o por algún tipo de riesgo o amenaza informática.

Además de implementar medidas de seguridad activas y pasivas, las empresas y organizaciones también optan por usar otro tipo de técnicas mediante las cuales intentan aportar una mayor seguridad y un entorno más seguro.

Algunas técnicas usadas en la **seguridad pasiva** son:

- **Usar *hardware* especializado:** siempre se debe usar el hardware adecuado contra las averías y accidentes más comunes en los dispositivos informáticos.
- **Antivirus:** se debería testear el correcto funcionamiento de este, sobre todo para que pueda cumplir su labor: desinfectar de posibles virus, siendo necesario para esto tenerlo correctamente actualizado.
- **Escaneos completos:** además del antivirus, se recomienda tener algún programa instalado para el *spyware* o *malware,* realizar cada cierto

tiempo escaneos completos y, si se encuentra algún *malware,* limpiarlo correctamente.

 ⮑ **Copias de seguridad:** mantener copias de seguridad de los datos de los dispositivos informáticos es vital para no perder la información; además, realizar también copias de seguridad del sistema operativo es altamente recomendable. Se aconseja tener disponibles estas copias en distintos soportes y en diferentes ubicaciones físicas.

 ⮑ **Particiones:** se recomienda realizar particiones en el disco duro de los dispositivos informáticos de los usuarios con el fin de poder aislar los datos y *backups* o copias de seguridad en otra unidad distinta a donde se encuentra alojado el sistema operativo.

 ⮑ **Desconexiones:** en el caso de que un determinado dispositivo informático resulte infectado por algún virus, *spyware* o *malware* y este esté conectado a una o más redes informáticas, se aconseja su desconexión de dicha red o redes con el fin de que no continúe expandiendo el virus o amenaza informática al resto de equipos que conforman la red.

Algunas técnicas usadas en la seguridad activa son:

 ⮑ **Contraseñas seguras:** se aconseja el uso de contraseñas fuertes y seguras. Para ello estas deben tener más de 8 caracteres, estar compuestas de mayúsculas, minúsculas, números y/o caracteres alfanuméricos. Hay determinados tipos de virus cuyo objetivo es averiguar las contraseñas; mientras más complicada sea, más tiempo tardarán en descifrar la contraseña.

 ⮑ **Encriptación:** con este proceso los datos realmente importantes o sensibles se pueden cifrar para que no puedan ser leídos por terceros aunque sean interceptados en la red o internet; no pueden ser leídos por terceros porque no disponen de las claves necesarias para desencriptar (descifrar) la información cifrada.

 ⮑ **Antivirus:** no solo hay que contar con la presencia en el dispositivo informático de un *software* antivirus, sino tenerlo correctamente actualizado al día, dado que cada día aparecen nuevas amenazas o riesgos en internet y, si no está actualizado el antivirus, no podrá tomar medidas cuando encuentre dichos riegos o amenazas.

 ⮑ *Software* **de seguridad:** además del uso de antivirus, se recomienda usar otros tipos de dispositivos tales como cortafuegos *(firewall)* o bien antiespías *(spyware)* con el fin de ofrecer un entorno más seguro y libre de riesgos informáticos.

 ⮑ **Copias de seguridad:** aquella información que se considere de interés o sensible para la empresa deberá tener definido un plan de copias de seguridad, de forma que, cada cierto tiempo, se realiza una copia de seguridad de dichos datos con el fin de evitar el riesgo de perder dichos datos.

- **Análisis periódicos:** realizar análisis periódicos y definidos en el tiempo es la mejor opción que se puede tomar con el antivirus y el antiespía con el fin de buscar virus o *malware,* y, si se detectan, se deben realizar las operaciones oportunas para librarse de ellos en el equipo informático.
- **Usuarios auxiliares:** algunos tipos de virus o *malware* son capaces de bloquear al usuario actual que ha iniciado sesión en el sistema operativo. Por eso si dispones de otro perfil, puedes acceder al sistema operativo y realizar las correspondientes labores de mantenimiento para librarte de este riesgo o amenaza informática.

 PARA SABER MÁS

Si quieres aprender más sobre seguridad informática, puedes acceder al siguiente enlace donde la Universidad de Murcia aborda conceptos esenciales de seguridad, riesgos digitales y mecanismos de protección.

https://redirectoronline.com/ifcm012po0507

Respecto a la firma digital, podemos asegurar que también lleva incorporada determinadas medidas de seguridad para que no pueda ser alterada y cumpla sus objetivos correctamente. Dicha seguridad se basa en los siguientes **principios:**

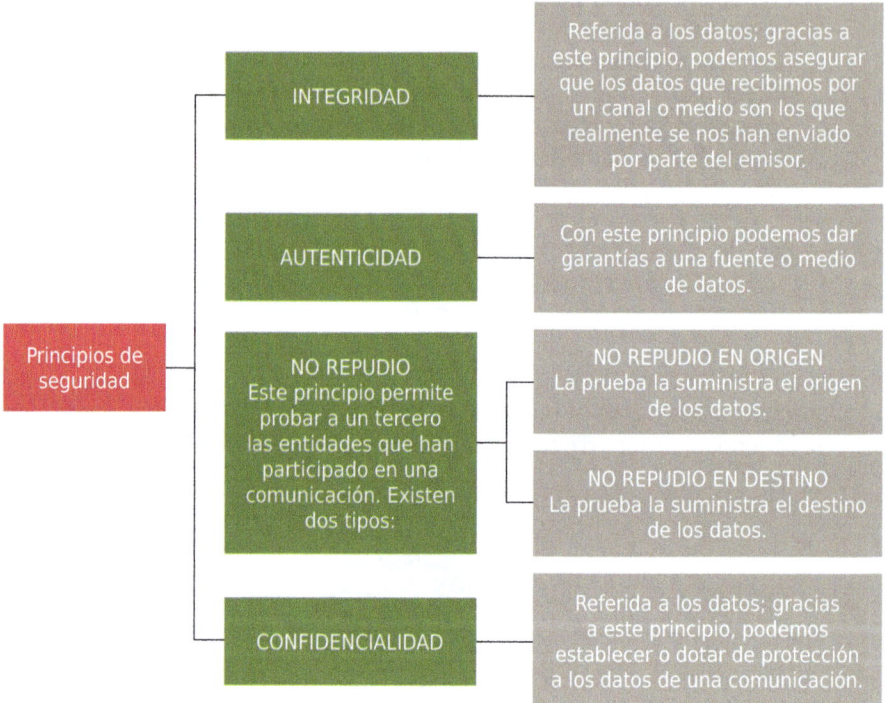

Principios de seguridad

INTEGRIDAD
Referida a los datos; gracias a este principio, podemos asegurar que los datos que recibimos por un canal o medio son los que realmente se nos han enviado por parte del emisor.

AUTENTICIDAD
Con este principio podemos dar garantías a una fuente o medio de datos.

NO REPUDIO
Este principio permite probar a un tercero las entidades que han participado en una comunicación. Existen dos tipos:

NO REPUDIO EN ORIGEN
La prueba la suministra el origen de los datos.

NO REPUDIO EN DESTINO
La prueba la suministra el destino de los datos.

CONFIDENCIALIDAD
Referida a los datos; gracias a este principio, podemos establecer o dotar de protección a los datos de una comunicación.

 **PARA SABER MÁS**

Puedes consultar el siguiente artículo de Camerfirma en el que se explica el papel crucial de los algoritmos *hash* en la firma digital.

https://redirectoronline.com/ifcm012po0508

Una medida de seguridad incluida en la firma digital es la relacionada con el cifrado del mensaje. Consiste en **cifrar el mensaje** usando una clave privada del usuario que va implícita en el certificado digital y que solo se puede descifrar haciendo uso de una llave pública. Por lo tanto, la firma digital se corresponde con un proceso de cifrado del mensaje que se está firmando digitalmente mediante el uso de la clave privada. Pero asociado a este cifrado tenemos un problema de lentitud y que el tamaño del mensaje puede ser muy grande.

Para solventar el problema anterior se añade una **función *hash*** (también conocida con el nombre de "resumen"), cuyo objetivo es actuar sobre el tamaño del mensaje y reducirlo de forma considerable. Pero, además, el *hash* es único para un mensaje.

Seguridad asociada a la firma digital

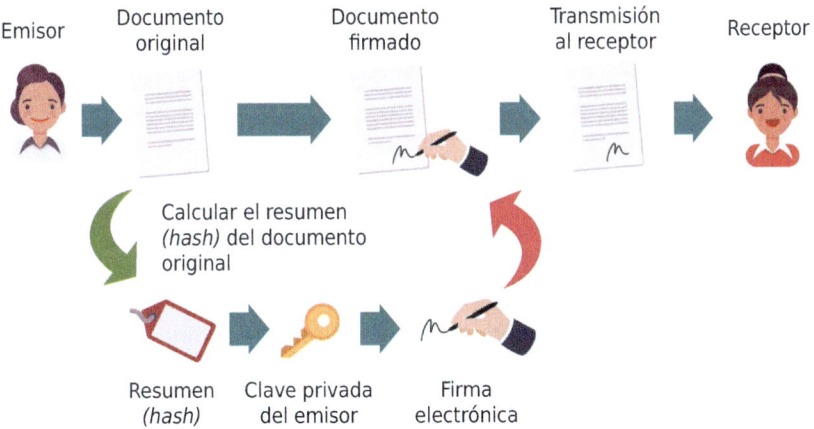

 ACTIVIDAD COMPLEMENTARIA

6. Dado que la firma digital se corresponde con un proceso de cifrado, en localiza al menos dos formas de cifrar la información que sean usadas en la firma digital.

   Una vez localizadas dichas formas de cifrado, realiza un informe sobre sus características y aplicaciones más adecuadas.

TAREA 5

Alberto presenta los siguientes escenarios a su equipo de trabajo:

- *E-mail* bancario: Carlos envía datos de su cuenta a su banco por *e-mail* sin cifrar. Un *hacker* intercepta el mensaje y modifica el número de cuenta.
- Contrato digital: María firma un contrato PDF con un sello electrónico simple. Luego niega haberlo firmado.
- Mensaje de *WhatsApp:* Luis recibe un mensaje de su jefe pidiendo una transferencia urgente. No verifica si el número es real y envía el dinero.
- Voto electrónico: un sistema de votación *online* no genera comprobantes. Votantes niegan haber votado por el candidato X.
- *Cloud storage:* Ana sube documentos confidenciales a una carpeta compartida sin contraseña. Un empleado los modifica.

¿Qué garantías de seguridad son vulneradas en cada caso?

3. Resumen

La seguridad informática incluye medidas que van dirigidas a proteger el sistema informático. Entre ellas están los programas antivirus, *firewalls,* desactivación de funciones, etc. Se centra en tres aspectos, principalmente: *hardware, software* y redes.

En la clasificación de la seguridad informática se pueden utilizar **dos criterios.** Estos son:

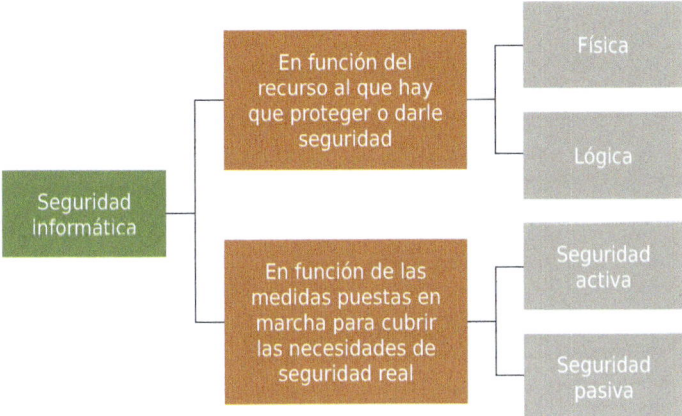

La **seguridad activa** previene cualquier tipo de ataque en un entorno o sistema informático, mientras que la **seguridad pasiva** se centra en la minimización de los daños causados por un usuario, un accidente o algún tipo de riesgo o amenaza informática.

Las técnicas que se utilizan en la seguridad activa y en la seguridad pasiva son:

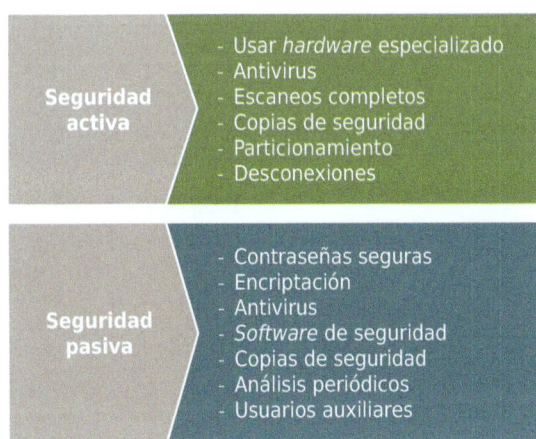

Los **principios** en los que se basa la seguridad informática son: integridad, autenticidad, no repudio y confidencialidad.

Una de las medidas de seguridad que incorpora la firma digital es el **cifrado del mensaje.**

Ejercicios de autoevaluación
Unidad de Aprendizaje 5

1. Señala si la siguiente afirmación es verdadera o falsa: "La seguridad en informática es una tecnología de la información cuyo objetivo se centra en la protección de datos y en las comunicaciones de una determinada empresa o particular".

   - Verdadero
   - Falso

2. La seguridad informática se centra en:

   a. *Hardware, software* y redes.
   b. *Software* y *hardware*.
   c. Redes y *hardware*.
   d. *Hardware, firmware* y *software*.

3. En función del recurso a proteger, la seguridad puede ser:

   a. Activa
   b. Pasiva
   c. Lógica
   d. Intermedia

4. Según las medidas puestas en marcha para cubrir las necesidades reales, la seguridad puede ser:

   a. Lógica
   b. Física
   c. Activa
   d. Retroalimentativa

5. Señala si la siguiente afirmación es verdadera o falsa: "La seguridad pasiva, o sistema pasivo, es aquella que en informática se destina a prevenir cualquier tipo de ataque en un entorno o sistema informático".

   - Verdadero
   - Falso

6. La seguridad que se centra en la minimización de los daños causados por un usuario, por un accidente o por algún tipo de riesgo o amenaza informática se denomina:

    a. Lógica
    b. Física
    c. Pasiva
    d. Activa

7. Si hablamos de encriptación, hacemos referencia a la seguridad:

    a. Lógica
    b. Física
    c. Pasiva
    d. Activa

8. La seguridad en la firma digital implica:

    a. Disponer de una clave privada.
    b. Disponer de una clave pública.
    c. Disponer de clave privada y pública.
    d. Disponer de clave privada, pública y de paso.

9. El objetivo del *hash* es:

    a. Aumentar el tamaño del mensaje.
    b. Dejar igual el tamaño del mensaje.
    c. Reducir el tamaño del mensaje.
    d. Poder ser compartido entre los mensajes.

10. Una de las principales características del *hash* es:

    a. Puede ser compartido entre los mensajes.
    b. Es único para un mensaje.
    c. No reduce el tamaño del mensaje.
    d. Aumenta el tamaño del mensaje.

Uso de la firma digital

Contenido

Objetivos

El objetivo general de esta Unidad de Aprendizaje es:

→ Reconocer los organismos oficiales a nivel autonómico, local y nacional para usar la firma digital, así como el uso de la misma en las transacciones comerciales y financieras *online*.

El objetivo específico de esta Unidad de Aprendizaje es:

→ Identificar los servicios o transacciones que se pueden realizar con la firma digital.

1. Introducción

Desde la irrupción en nuestras vidas de las NN. TT. y la aparición de la firma digital, muchos han sido los aspectos cotidianos de nuestras vidas que se han visto modificados. Hasta hace no poco tiempo, si queríamos realizar una compra semanal para poder abastecernos, teníamos que ir físicamente a un supermercado o tienda especializada. Hoy en día, con la tecnología y seguridad que tenemos, desde el salón de casa podemos realizar el mismo proceso de compra semanal pero totalmente *online*.

Durante el desarrollo de esta unidad nos centraremos fundamentalmente en los sitios donde podemos hacer uso de dicha firma digital, tanto a nivel regional como a nivel autonómico o nacional (dado que cada nivel ofrece unos determinados servicios para ser usados con firma digital). Además, veremos también la importancia de la firma digital en los procesos de compra electrónica en los *e-Commerce* y su asociación con el mundo financiero.

Para ello nos basaremos en el caso de Royo Expertos Tecnológicos, S. L., que, dentro del sector informático ofrece soluciones a sus clientes para trabajar con la seguridad informática y las firmas digitales.

2. Organismos oficiales nacionales, autonómicos, locales

 HILO CONDUCTOR

En Royo Expertos Tecnológicos, S. L., siempre que algún cliente o empresa les comunica que quieren usar su firma digital para realizar un determinado trámite con la Administración, primero le asesoran a que localice qué organismo realiza dicho trámite o servicio *online* y luego acceder a él para usarlo.

Una vez que estamos en posesión de nuestro certificado digital que hemos obtenido a través de la FNMT, podemos usarlo en una serie de **organismos** nacionales, autonómicos o locales que nos propone la misma FNMT en su página web, tal y como puedes ver en la siguiente imagen:

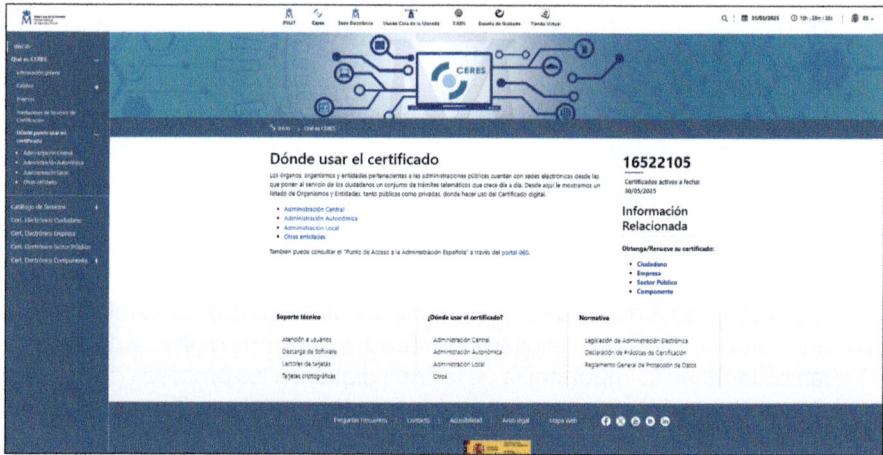

Organismos oficiales nacionales, autonómicos y locales propuestos por la FNMT

Pero, ¿qué acciones podemos realizar con nuestra firma digital?

Desde el portal de Administración electrónica se proponen las siguientes operaciones como **ciudadanos:**

⮞ **Firmar un documento.** A la hora de firmar un documento podemos hacerlo de dos maneras:

　◍ **DNIe.** Si lo que tenemos disponible para firmar digitalmente es nuestro DNI electrónico, podemos hacerlo mediante dos opciones:

　　⚙ En línea. Para ello usamos el servicio *online* de verificación y generación de firmas electrónicas *Valide.* Una vez dentro de este servicio, los pasos a seguir son:

　　　◉ Seleccionar "Realizar firma".
　　　◉ Pulsar "Firmar".
　　　◉ Seleccionar el documento a firmar.
　　　◉ Permisos para acceder al fichero.
　　　◉ Seleccionar el certificado del firmante.
　　　◉ Pulsar en "Guardar" para almacenar la firma.

⇕ Usando aplicaciones. Tenemos disponibles dos aplicaciones para la firma electrónica que debemos descargar e instalar en el dispositivo informático que estemos usando; son las siguientes:

○ **Cliente @firma.** Se corresponde con una aplicación que permite realizar firmas electrónicas.

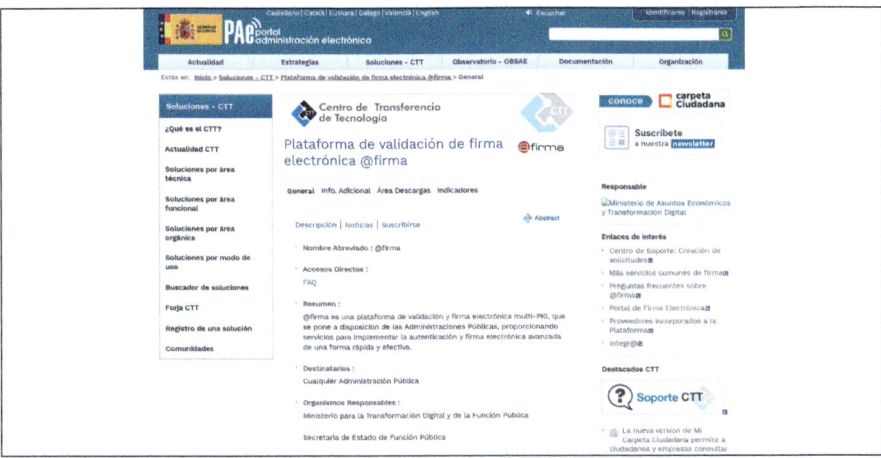

Imagen de la aplicación @firma

○ *Cl@ve Firma.* El sistema actual de firma electrónica de la Agencia Tributaria y la FNMT.

Página principal de Cl@ve Firma

◊ **Otros tipos de certificados.** Desde el portal *Valide* podemos comprobar la validez de nuestro certificado digital; de hecho, esta página web es un servicio para la validación y demostración de firma electrónica. Los resultados de validación de un certificado pueden ser:

⇕ **Válido.** Podremos realizar trámites con la Administración pública.

⇕ **Caducado.** Debemos volver a pedir el certificado dado que ha caducado y no es válido.

⇕ **Revocado.** El certificado digital ha sido dado de baja o invalidado antes de su caducidad por motivos de seguridad y tendremos que volver a pedirlo.

➲ **Firmar al mismo nivel que otros.** Los pasos a realizar son los mismos que en el apartado anterior, en función de si tenemos DNIe u otro tipo de certificación y usando las aplicaciones correspondientes.

- **Firmar para certificar otras firmas.** Los pasos a realizar son los mismos que en el apartado anterior, en función de si tenemos DNIe u otro tipo de certificación y usando las aplicaciones correspondientes.
- **Validar una firma.** Para validar la validez de una firma debemos acceder a la página web de *Valide* y seguir estos pasos:
  - Seleccionar "Validar firma".
  - Pulsar en la opción "Seleccionar fichero".
  - Pulsar en "Validar".
  - Obtenemos el resultado de la validación (si pulsas en "Detalles de validación", tendrás acceso a la información general).
  - Se nos muestran los detalles de la firma.
- **Visualizar una firma.** Para visualizar una firma debemos pasar por la página web de *Valide* y seguir los siguientes pasos:
  - Seleccionar "Visualizar firma".
  - Pulsar en la opción "Seleccionar fichero".
  - Pulsar en "Visualizar".
  - Veremos el fichero original con la información sobre la firma.
- **Cifrar datos.** Para usar esta opción con nuestro certificado digital debemos acceder a la aplicación *Cliente@Firma* y, desde ella, seguir los siguientes pasos:
  - Pulsar en la opción de "Cifrado".
  - Pulsar "Examinar" para buscar el fichero que queremos cifrar.
  - Pulsar en "Cifrar".
  - Seguir los pasos que nos indica el asistente.
  - Introducir la contraseña y confirmación del cifrado de datos.
  - Guardar.
  - Finalizar.

Esquema de las operaciones que ofrece el portal de Administración electrónica

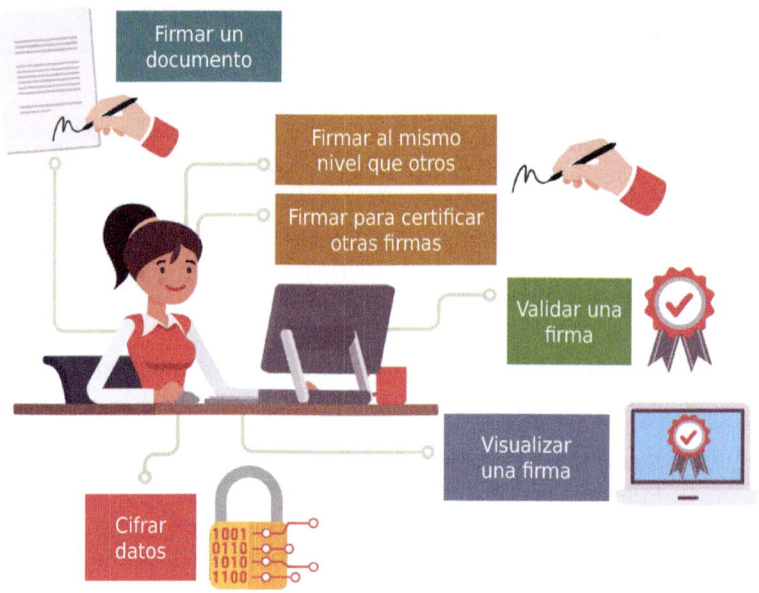

PARA SABER MÁS

Puedes acceder al portal *Valide* y a la aplicación *Cliente@Firma* a través de los siguientes enlaces:

Valide	Cliente@Firma
https://redirectoronline.com/ifcm012po0601	*https://redirectoronline.com/ifcm012po0602*

ACTIVIDAD COMPLEMENTARIA

7. Consulta las acciones que podrías llevar a cabo con tu firma digital en caso de que fueras el dueño de una empresa o un empleado público.

2.1. Organismos oficiales nacionales

En el caso de la Administración central, la página web de CERES muestra un listado de organismos y entidades donde el usuario puede hacer uso de su certificado digital, íntimamente relacionado con la firma digital.

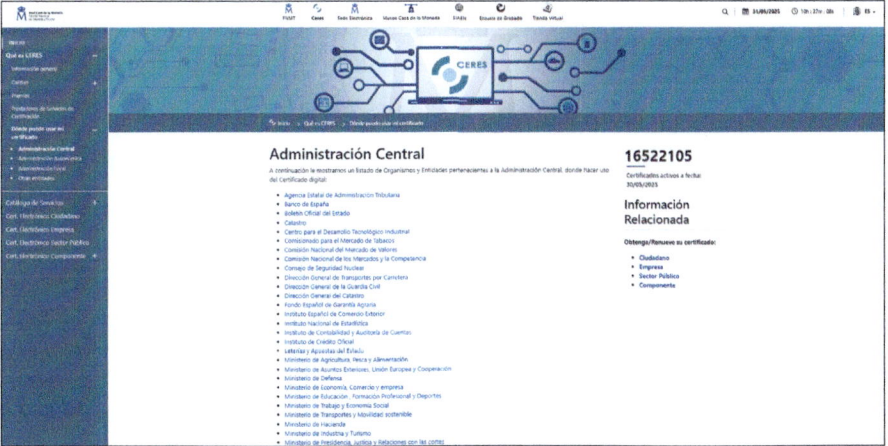

Principales organismos de Administración central para el uso de firma electrónica

Así, por ejemplo, los servicios que se pueden realizar en la Agencia Estatal de Administraciones Tributarias (AEAT) con la firma digital son, entre otros, los siguientes:

⮑ **Impuestos, tasas y prestaciones patrimoniales, aduanas:** gestión y liquidación de tributos (IRPF, IVA, Sociedades), tasas, contribuciones especiales y operaciones de comercio exterior (aranceles, IVA importación).

⮑ **Censos, NIF y domicilio fiscal:** inscripción, modificación y baja de contribuyentes (personas y empresas), asignación del Número de Identificación Fiscal (NIF) y registro del domicilio fiscal.

- **Certificados:** expedición de documentos oficiales (certificado digital, de estar al corriente de pago, de retenciones, de inscripción censal).
- **Recaudación:** gestión del cobro de deudas tributarias (voluntario y forzoso), aplazamientos, fraccionamientos y gestión de garantías.
- **Beneficios fiscales y autorizaciones:** concesión y control de deducciones, bonificaciones, exenciones y autorizaciones específicas (como métodos de valoración).
- **Comprobaciones fiscales y procedimiento sancionador:** realización de inspecciones, verificaciones de datos e imposición de sanciones por infracciones tributarias.
- **Requerimientos y comunicaciones:** envío oficial de peticiones de información, datos o documentación a los contribuyentes, y notificaciones administrativas.
- **Recursos, reclamaciones, otros procedimientos de revisión y suspensiones:** tramitación de impugnaciones contra actos tributarios (recursos, reclamaciones económico-administrativas) y solicitudes de suspensión de actos impugnados.
- **Otros procedimientos tributarios:** trámites específicos no cubiertos en las categorías anteriores, como devoluciones de oficio, compensaciones, etc.
- **Procedimientos no tributarios:** actuaciones relacionadas con ámbitos no estrictamente tributarios, como asistencia en materia de prevención del blanqueo de capitales.
- **Otros servicios:** diversas gestiones adicionales como consultas, solicitud de aplazamientos *online,* servicios de asistencia, etc.
- **Consultar y modificar los datos censales:** desde esta opción podemos consultar nuestros datos censales ante futuras votaciones o bien modificarlos si, por ejemplo, hemos cambiado de domicilio.
- **Consultar deudas.** Desde esta opción podemos comprobar si tenemos pendiente alguna deuda con la Agencia Tributaria.
- **Contestar requerimiento o presentar documentación relacionada con AEAT:** en el caso de que Hacienda, por el motivo que fuera, nos reclamase cierta documentación, desde esta opción se la podemos hacer llegar.
- **Pago de impuestos:** a través de esta opción podemos pagar cualquier impuesto que esté relacionado con la Agencia Tributaria.
- **Presentar y consultar declaraciones:** podemos presentar y consultar el estado de nuestra declaración de la renta.

 **EJEMPLO**

Susana tiene una pequeña tienda de regalos en su localidad y necesita presentar el modelo 303 de IVA correspondiente al segundo trimestre del año. Sabe que su cumplimentación se realiza a través de la Sede Electrónica de la Agencia Tributaria y que su presentación se puede hacer de forma telemática o entregándola físicamente en una oficina colaboradora.

Como Susana tiene certificado electrónico, decide agilizar esta tarea, ya que cumplimentará y enviará el modelo 303 de IVA a la Agencia Tributaria a través de la Sede Electrónica. Al acceder a este sitio web, lo primero que aparece es la ventana en la que se solicita al usuario que se identifique, bien por certificado electrónico o por sistema Cl@ve. La siguiente imagen se corresponde con dicha ventana:

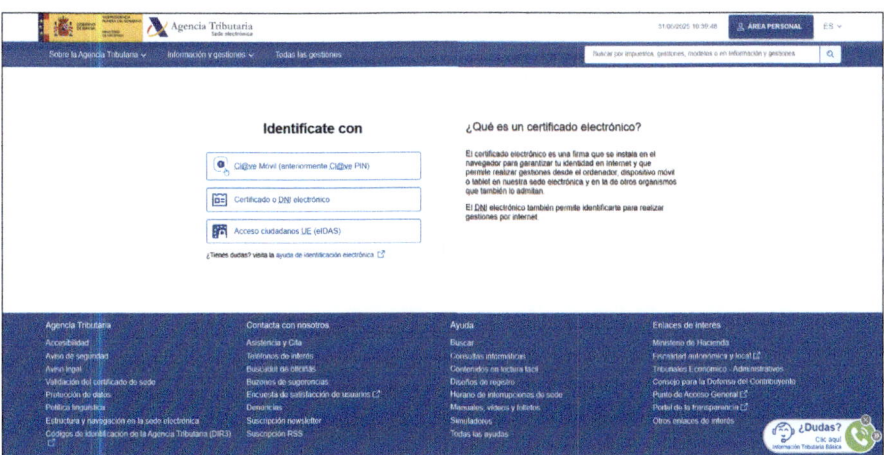

Como Susana tiene certificado instalado en su ordenador, al pulsar en el primer botón, la Sede lo reconoce y da paso a la cumplimentación del modelo 303.

2.2. Organismos oficiales autonómicos

Asimismo, en la página oficial de CERES, se muestra una relación de los organismos que propone la FNMT en relación a las **administraciones autonómicas.**

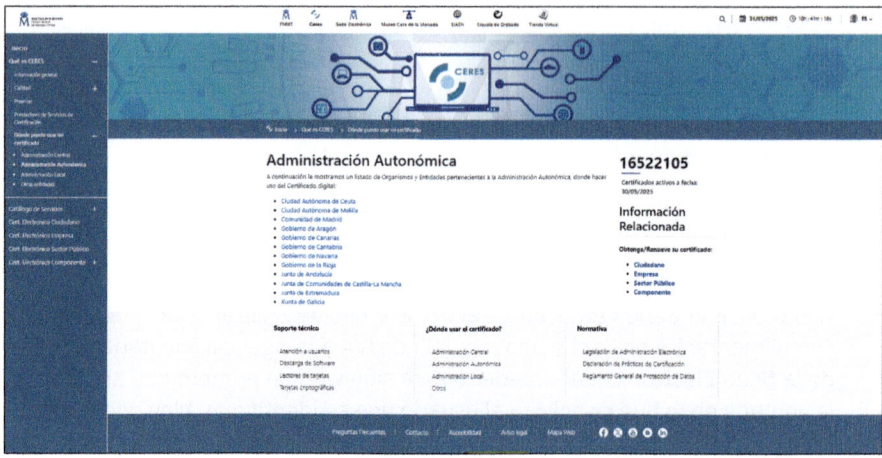

Organismos de Administración autonómica propuestos por la FNMT para el uso de la firma digital

Así, por ejemplo, desde la página oficial de la **Junta de Andalucía** podemos llevar a cabo con certificado digital (firma digital), entre otros, los siguientes servicios:

> **Participación pública en proyectos normativos**
> - Desde este apartado las empresas pueden ver las licitaciones de la Junta y, si les interesa, aportar la documentación para optar a la participación en el proyecto público.

> **Cita en centros sanitarios**
> - A través de este apartado podemos gestionar una cita en cualquier centro de salud de la Junta de Andalucía adaptándola a nuestras necesidades de día y hora (siempre que haya disponibilidad por parte del centro).

> **Renovación de la demanda de empleo**
> - Si estamos dados de alta en la Oficina de Empleo, podemos renovar la demanda de empleo desde esta opción sin necesidad de acudir personal o físicamente a la Oficina de Empleo.

> **Tramitación de hojas de quejas y reclamaciones**
> - Cualquier problema que tengamos en un comercio dentro de la comunidad andaluza podemos gestionarlo con la Administración desde esta opción. Lo más normal es usarla para gestionar hojas de reclamaciones por parte de los consumidores.

◁◉▷ EJEMPLO

Francisco adquirió un televisor de última generación porque el vendedor del comercio le aseguró que en su localidad no tendría problemas de conexión. Como no ha sido así, exige la devolución del dinero o un cambio de televisor compatible. El comercio no se responsabiliza de ello, por lo que Francisco decide interponer una reclamación.

Como dispone de certificado electrónico, accede a la Oficina Virtual de Consumo de la Junta de Andalucía, ya que su localidad está en la provincia de Jaén. De esta forma, piensa que la tramitación de la reclamación será más ágil y rápida.

Al acceder al apartado correspondiente a las quejas y reclamaciones de la oficina virtual, Francisco pulsa el primer botón correspondiente al sistema de hojas electrónicas de quejas y reclamaciones con certificado digital.

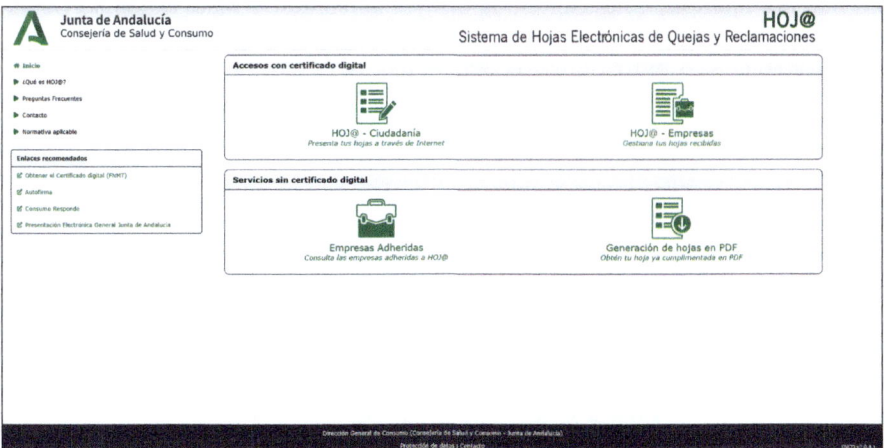

Oficina Virtual de consumo de la Junta de Andalucía.

Como dispone de certificado electrónico instalado en su ordenador, el trámite se desarrolla sin problemas al reconocerlo e identificarlo.

2.3. Organismos oficiales locales

Finalmente, en la página oficial de CERES, existe también un listado de organismos pertenecientes a la **Administración local.**

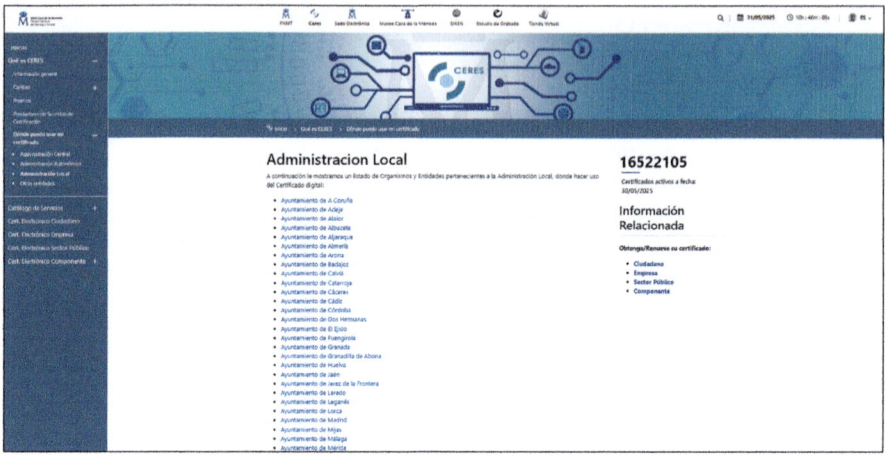

Administraciones locales propuestas por la FNMT para el uso de la firma digital

Si, por ejemplo, seleccionamos el Ayuntamiento de Madrid, los servicios que se pueden realizar con el certificado electrónico y, por tanto, con la firma digital son, entre otros, los siguientes:

Alta domiciliación bancaria de tributos municipales periódicos

– Desde esta opción podemos domiciliar el pago de los tributos municipales, como por ejemplo el impuesto relacionado con la recogida de basura.

Pago de sanciones administrativas en periodo voluntario

– A través de este enlace se puede realizar el pago en periodo voluntario de las sanciones administrativas competencia del Ayuntamiento.

Multas de circulación, infracciones y sanciones competencia del Ayuntamiento

– Cualquier multa, infracción o sanción de tráfico que haya sido cometida en la Comunidad de Madrid podemos gestionarla desde este apartado.

APLICACIÓN PRÁCTICA

Imagina que estamos conduciendo y nos para la Guardia Civil porque hemos cometido una infracción: conducir a 60 km/h en un sitio limitado a 30 km/h. ¿Cómo podrías saber, haciendo uso de la firma digital, la cantidad de puntos que te quedan?

Solución

La forma más rápida y cómoda que tenemos para saber el estado de los puntos que nos quedan es mediante el uso de la firma digital y el acceso a la página web https://sede.dgt.gob.es/es/tramites-y-multas/permiso-por-puntos/consulta-de-puntos/, y desde el apartado "Consulta saldo de puntos y antecedentes (con certificado)".

Si dispones de certificado digital o de DNI electrónico, puede consultar su saldo de puntos y el detalle de las sanciones firmes que han conllevado la detracción de los puntos, así como comprobar dichos puntos.

TAREA 6

Alba vive en Barcelona y está pensando en agilizar el pago de sus impuestos municipales. Como dispone de certificado electrónico, ¿qué servicios podrá realizar?

Responde a la cuestión planteada identificando los servicios que se pueden realizar con certificado electrónico y que el Ayuntamiento de Barcelona ofrece a sus ciudadanos en relación con los tributos.

---

3. Transacciones comerciales y financieras

☞ HILO CONDUCTOR

En Royo Expertos Tecnológicos, S. L., siempre aconsejan a sus clientes cerciorarse de que la página web donde van a realizar la transacción comercial o financiera cumple las normas correspondientes: disponer de certificado y del uso de SSL u otros mecanismos de seguridad.

- -

Definimos una **transacción comercial** como una actividad comercial que se puede medir económicamente y que está recogida en un determinado documento. Entre las transacciones comerciales más comunes actualmente están: compras, ventas, consignaciones, pagos de nóminas, gastos, pago de impuestos, etc.

Una **transacción financiera** es un acuerdo o comunicación entre dos partes, comprador y vendedor, en la que se lleva a cabo un intercambio de un activo (generalmente) por un pago. Entre las transacciones financieras más comunes se encuentran: la compraventa de productos, actividades, servicios, etc.

A continuación nos centraremos en los usos de la firma digital asociados a los conceptos de transacción comercial y financiera.

Está claro que, gracias a la firma digital, podemos agilizar todos los procesos en todos los sentidos. Por ejemplo, hace cuestión de 10 o 15 años si una determinada empresa nos requería un contrato para ser firmado, o bien se tenía que hacer en persona por ambas partes (comprador y vendedor) o enviar los documentos firmados al comprador para que los firmara y devolviera una copia firmada. Este proceso implicaba al menos 10 días.

Hoy en día, con la irrupción de las nuevas tecnologías, en cuestión de minutos puede estar solucionado el problema anterior. Luego, con la firma digital, vamos a poder realizar **transacciones comerciales de forma rápida y legal** demostrando que somos nosotros los que realmente realizamos dicha firma digital.

Los **usos** de la firma digital asociada a las transacciones comerciales son los siguientes:

- Validación del contenido de un mensaje electrónico que puede usarse posteriormente para comprobar que el emisor envió dicho mensaje.
- Probar que el mensaje no se ha falsificado durante el envío del mismo.
- Validación de compras *online*.
- Transferencias de fondos.

El uso de la firma digital en las transacciones comerciales genera muchos **beneficios;** habría que destacar los siguientes:

Poco espacio de tiempo en realizar la transacción
- Los procesos de venta largos y con mucha documentación terminan por hacerse pesados tanto para el cliente como para el vendedor. El uso de la firma digital simplifica el proceso enormemente y lo reduce a muy poco espacio de tiempo, en unos minutos está todo firmado.

Se puede firmar más de una vez
- Anteriormente el problema del espacio y tiempo sí era un obstáculo por el que había que pasar; hoy en día enviamos por la mañana cierta documentación y en unas horas podemos recibirla totalmente firmada digitalmente, pero no por una única persona, sino por las personas que hicieran falta. Un documento no se asocia a dos firmas, pueden intervenir todas las que hicieran falta.

Mayor satisfacción
- Tanto para el cliente como para el comprador, dado que en poco espacio de tiempo han resuelto una transacción comercial sin muchas complicaciones: se evitan desplazamientos, esperas, llamadas previas de consulta de información, etc.

Respaldo legal a la transacción
- Tan legal es firmar digitalmente como hacerlo con una rúbrica. Eso sí, es necesario que de dicha transacción se recojan algunos parámetros por seguridad, tales como localización, dirección *e-mail,* IP, Mac, etc.

Mejora de experiencia de cliente
- Al ser la transacción comercial totalmente ágil, se produce una mejora de la experiencia del cliente.

Desde el punto de vista financiero, podemos usar nuestra firma digital para llevar a cabo cualquier operación que una entidad bancaria ponga a nuestra disposición, bien sea para realizar una transferencia, para comprar determinadas acciones, etc. Además, cada día los bancos están permitiendo más la apertura de cuentas de forma totalmente *online*.

 SABÍAS QUE...

En España podemos destacar que BBVA ha sido uno de los primeros bancos en permitir que, con un DNIe más cierta documentación, sus clientes puedan abrir una cuenta en dicha entidad en un plazo inferior a 15 días.

Los **beneficios** del uso de la firma digital en el sector financiero son los siguientes:

- Aumento de la eficiencia y autorización de transacciones de clientes.
- Mayor velocidad y precisión en acceso a información sensible.
- Realizar autentificación de forma rápida y segura.
- Simplificación de procesos de aperturas, cancelaciones y modificaciones de cuentas.
- Su uso reduce el fraude mediante la verificación de firmas electrónicas y datos de biometría.

 PARA SABER MÁS

Puedes consultar el siguiente documento en el que se explica la seguridad de las transacciones bancarias en relación con internet:

https://redirectoronline.com/ifcm012po0603

4. Resumen

Podemos hacer uso de nuestra firma digital tanto en organizaciones a nivel local, regional, autonómico o nacional; dependiendo del tipo de servicio que necesitemos, recurriremos a unas u otras.

Desde el portal de Administración electrónica, nos proponen las siguientes operaciones como ciudadanos a la hora de usar nuestra firma digital:

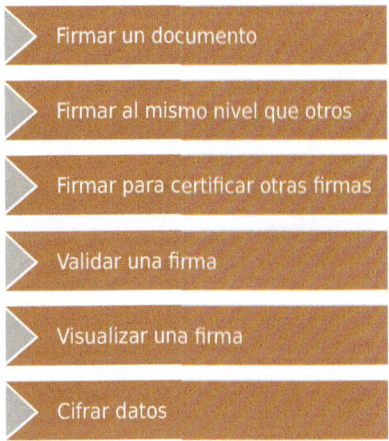

Firmar un documento

Firmar al mismo nivel que otros

Firmar para certificar otras firmas

Validar una firma

Visualizar una firma

Cifrar datos

Una **transacción comercial** es una actividad comercial que se puede medir económicamente y que está recogida en un determinado documento. Entre las transacciones comerciales más comunes actualmente destacan: compras, ventas, consignaciones, pagos de nóminas, gastos, pago de impuestos, etc.

Una **transacción financiera** es un acuerdo o comunicación entre dos partes, comprador y vendedor, en la que se lleva a cabo un intercambio de un activo (generalmente) por un pago. Entre las transacciones financieras más comunes se encuentran: la compraventa de productos, actividades, servicios, etc.

Los usos de la firma digital asociada a las transacciones comerciales son los siguientes:

- Validación del contenido de un mensaje electrónico que puede usarse posteriormente para comprobar que el emisor envió dicho mensaje.
- Probar que el mensaje no se ha falsificado durante el envío del mismo.

◗ Validación de compras *online*.

◗ Transferencias de fondos.

Los beneficios asociados al uso de la firma digital en transacciones comerciales son los siguientes:

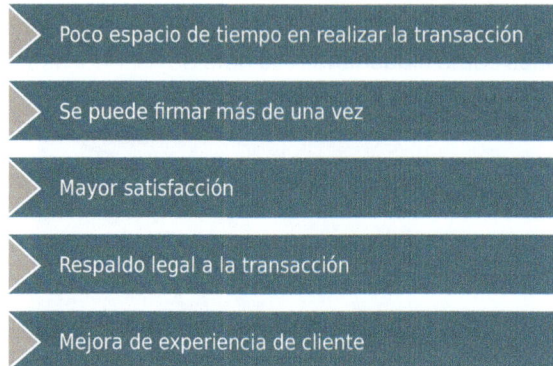

- Poco espacio de tiempo en realizar la transacción
- Se puede firmar más de una vez
- Mayor satisfacción
- Respaldo legal a la transacción
- Mejora de experiencia de cliente

Otro de los usos de la firma digital es el que está relacionado con la **realización de transacciones financieras.** Cada vez más, las entidades financieras ponen a disposición del usuario diferentes operaciones, por lo que la utilización de la firma digital en este ámbito va en aumento. Entre los **beneficios** que reporta al usuario el uso de la firma digital en el ámbito financiero, destacan: aumento de la eficiencia, mayor rapidez, autentificación rápida y segura, simplificación de procesos y reducción del riesgo de fraude.

Ejercicios de autoevaluación
Unidad de Aprendizaje 6

1. **Indica cuál de las siguientes no es una afirmación válida en cuanto a acciones a realizar con nuestra firma digital:**

    a. Firmar digitalmente en nombre de otra persona.
    b. Firmar al mismo nivel que otros.
    c. Validar una firma.
    d. Cifrar datos.

2. **Señala si la siguiente afirmación es verdadera o falsa: "Desde la página web de la FNMT podemos acceder a una lista de organismos nacionales, autonómicos y locales en los que usar nuestro certificado digital es posible".**

    ■ Verdadero
    ■ Falso

3. **Si queremos usar nuestro certificado digital para presentar nuestra declaración de la renta, debemos de acceder a:**

    a. La Agencia Tributaria.
    b. Agencia de datos.
    c. FNMT.
    d. Todas las opciones son incorrectas.

4. **Las multas de circulación, infracciones y sanciones que queramos solventar con nuestro certificado digital las podemos liquidar en:**

    a. Organizaciones nacionales.
    b. Organizaciones autonómicas.
    c. Organizaciones locales.
    d. La Agencia Tributaria.

5. Señala si la siguiente afirmación es verdadera o falsa: "Definimos una transacción comercial como una actividad comercial que se puede medir económicamente y que está recogida en un determinado documento".

   ▪ Verdadero
   ▪ Falso

6. ¿Qué página web oficial ofrece un listado de organismos nacionales, autonómicos y locales en los que se puede utilizar el certificado electrónico para realizar transacciones?

   a. PAE
   b. Validae
   c. CERES
   d. SIAEN

7. Indica cuál de los siguientes no es un beneficio de la firma digital en transacciones comerciales:

   a. Poco espacio de tiempo en realizar la transacción.
   b. Mejora la experiencia del cliente.
   c. Solo se puede firmar una vez.
   d. Mayor satisfacción.

8. De una transacción comercial normalmente guardamos, entre otra información:

   a. El listado de productos adquiridos o servicio.
   b. Únicamente el nombre del vendedor y comprador.
   c. Dirección IP.
   d. Localización, dirección e-mail, IP, Mac, etc.

9. Aquella transacción en la que se lleva a cabo un intercambio de activo se denomina:

   a. Ventas.
   b. De relación.
   c. Financiera.
   d. Comercial.

10. **Indica cuál de los siguientes no es un beneficio del uso de la firma digital en transacciones financieras:**

    a. Menor velocidad y acceso a información.
    b. Aumento de eficiencia.
    c. Realiza autentificación de firma rápida y segura.
    d. Su uso reduce el fraude mediante verificaciones.

Necesidad de sistemas de seguridad en la empresa

Contenido

Objetivos

El objetivo general de esta Unidad de Aprendizaje es:

→ Conocer la necesidad de implementar sistemas de seguridad en la empresa.

El objetivo específico de esta Unidad de Aprendizaje es:

→ Identificar la seguridad asociada a las empresas.

→ Identificar y mitigar amenazas clave en transacciones digitales: suplantación, acciones no autorizadas, alteración de datos y repudio.

1. Introducción

Hoy en día todos usamos de forma directa o indirecta una red de redes denominada internet en la que cualquiera puede tomar nuestra información; otra cosa es que consiga descifrar o no el contenido de dicha información. Es por este motivo por el que internet es una red abierta y no segura, de modo que conviene tomar ciertas medidas de seguridad para evitar ciertos riesgos y/o amenazas en el futuro.

Durante el desarrollo de esta unidad nos centraremos en los sistemas de seguridad actuales para después ver el tipo de seguridad que actualmente están implantando las empresas.

Para ello nos basaremos en el caso de Royo Expertos Tecnológicos, S. L., que, dentro del sector informático ofrecen soluciones a sus clientes para trabajar con la seguridad informática y las firmas digitales.

2. Sistemas de seguridad

☞ **HILO CONDUCTOR**

En Royo Expertos Tecnológicos, S. L., siempre asesoran a sus clientes cuando quieren realizar modificaciones en la seguridad de sus empresas u organizaciones con realizar antes una auditoría de seguridad para detectar los problemas más graves de seguridad y poder solucionarlos.

La seguridad informática se puede definir como el conjunto de estándares, protocolos, métodos, reglas, herramientas y leyes pensadas para minimizar los riesgos de una infraestructura o de determinada información. Por tanto, podemos afirmar que la seguridad informática va a encargarse de definir normas, procedimientos, métodos y técnicas para obtener un sistema seguro, estable y confiable de cara a los usuarios, centrándose así en los siguientes activos:

Infraestructura	Usuarios	Información
- Es la parte fundamental para poder soportar el almacenamiento y la gestión de los datos, siendo pieza clave en el funcionamiento de una organización o empresa. Su objetivo principal es que los equipos y los programas funcionen de forma correcta.	- Los usuarios son las personas destinadas a usar las infraestructuras tecnológicas de la organización o empresa.	- Es el principal activo a proteger. La información utiliza la infraestructura, reside en ella y es usada por los usuarios.

 PARA SABER MÁS

Puedes visitar el siguiente enlace que ofrece guías y herramientas para implementar programas de gestión de riesgos, ayudando a las empresas a proteger sus dispositivos y datos de manera eficiente. Su enfoque incluye prevención, monitoreo y respuesta ante amenazas de seguridad.

https://redirectoronline.com/ifcm012po0705

La seguridad informática surge como necesidad de respuesta ante ciertas situaciones que normalmente vienen provocadas por una **amenaza**. Dicha amenaza lo que hace es alterar el funcionamiento normal de un dispositivo informático, de tal forma que trastorna su proceder normal en función del tipo de amenaza que haya provocado el fallo de seguridad.

Los **tipos de amenazas** que podrías encontrarte son los siguientes:

Tipos de amenazas		
	Usuarios	Quizá sean el mayor problema que se puede asociar a un sistema de seguridad, sobre todo si los usuarios no tienen conocimientos básicos de seguridad.
	Programas maliciosos	Son aquel tipo de programa cuyo objetivo es perjudicar un determinado recurso del sistema informático al que afecta.
	Errores de programación	Un error de programación puede usarse por parte de los *crackers* como punto de acceso a un equipo, de ahí la importancia de actualización con parches de los sistemas operativos y las aplicaciones que normalmente usamos.
	Intrusos	Se corresponden con otras personas que consiguen acceder a los datos de nuestros programas sin acceso autorizado.
	Siniestros	Entendiendo por siniestro un robo, incendio o inundación. Algunas autores lo extienden a manipulación indebida o malas intenciones.
	Personal técnico	Técnicos de sistemas, administradores de base de datos, etc.
	Fallos electrónicos o lógicos	Estos se producen en los sistemas informáticos de forma general y no podemos prevenirlos.

IMPORTANTE

En el siguiente enlace se muestra cómo actuar ante 5 posibles amenazas informáticas reales. Dichas actuaciones van referidas a aquellos casos en los que los piratas informáticos entran en tu ordenador con fines malintencionados.

Continúa en página siguiente >>

<< Viene de página anterior

https://redirectoronline.com/ifcm012po0702

Debido a este escenario anterior, el de las amenazas, los usuarios de internet no se sienten muchas veces seguros en los sitios de las organizaciones o empresas. Por eso, estas últimas implementan una serie de **componentes** en sus sitios web para garantizar la seguridad de los mismos.

Observa a continuación cada uno de estos componentes asociados a la seguridad de un sitio web:

Criptografía
- Es un sistema o método mediante el cual se transforma cualquier tipo de mensaje, de forma que se hace ilegible a terceras partes pudiendo, cuando la información llega al destino, transformarla a su estado original para que solo las personas autorizadas tengan acceso a dicha información.

Firmas digitales
- Podemos ver la firma digital como una cadena de datos o información que se crea a partir de un determinado mensaje que queremos transmitir, de tal modo que se imposibilita el rechazo del mensaje (la parte que escribe o envía el mensaje no puede renegar de dicho mensaje) y el receptor del mensaje puede asegurar a ciencia cierta que quien dice enviar el mensaje es el que lo ha enviado realmente. Algunas **aplicaciones** en las que se puede usar la firma digital son las siguientes:

  - Firma y cifrado de *e-mail*.
  - Firma y cifrado de documentos.
  - Identificación de personas.
  - Identificación de sistemas ante usuarios.
  - Auditoría de transacciones.
  - Seguridad en operaciones comerciales.
  - Identificación de componentes de red.

Continúa en página siguiente >>

<< Viene de página anterior

Certificados digitales
- Serían una especie de pasaporte que permite identificarnos. Los certificados posibilitan, mediante una clave pública, que pertenece al propietario del certificado asegurar su veracidad. Con ellos podemos realizar **operaciones** tales como:
  - Autenticación de usuarios o entidades.
  - Confidencialidad del mensaje.
  - Integridad del documento.
  - No repudio.
  - Pero ¿para qué nos sirve el certificado digital?
  - Permitir enviar y recibir información confidencial.
  - Permitir acceso a sitios webs de manera segura.
  - Permitir firmar digitalmente documentos.
- Tipos:
  - Certificados personales.
  - Certificados de servidor.
  - Certificados de fabricante.
  - Certificados de representante.
  - Certificados de entidades emisoras.

PARA SABER MÁS

Si quieres ampliar tus conocimientos sobre los orígenes del método criptográfico, puedes consultar el siguiente enlace en el que se explica el método criptográfico más simple y antiguo de todos: el cifrado César.

https://redirectoronline.com/ifcm012po0703

ACTIVIDAD COMPLEMENTARIA

8. Localiza en internet una empresa u organización (da igual que sea nacional o internacional) que, al menos, haya sufrido algún tipo de amenaza y la haya difundido en internet. ¿Cómo solucionó dicha amenaza?

---

3. Necesidad de sistemas de seguridad en la empresa

HILO CONDUCTOR

En Royo Expertos Tecnológicos, S. L., saben que todas las empresas, por grandes o pequeñas que sean, necesitan unos mínimos de seguridad; por eso siempre aconsejan realizar auditorías para detectar los puntos débiles de seguridad en las mismas.

Actualmente las empresas giran en torno a una red de recursos informáticos para llevar a cabo su labor diaria. Como bien sabemos, cualquier dispositivo informático cuenta hoy con conexión a internet, que es una red de redes pública y abierta a cualquier dispositivo y usuario. Es precisamente por esto último por lo que no estamos exentos de que nuestros dispositivos informáticos sean atacados o amenazados. Por ello, necesitamos garantizar:

Confidencialidad	- Los datos o la información que se envía al exterior (a la red de redes, internet) no pueden ser interceptados por terceros; esto lo logramos con la encriptación de los datos o información que enviamos hacia internet.
Integridad	- Gracias a este concepto se asegura que los datos o información no han sido modificados a lo largo de su viaje por la red de redes; para esto usamos las firmas digitales.

Continúa en página siguiente >>

<< Viene de página anterior

Autenticación	- Gracias a ella garantizamos la identidad de la persona que accede a la red; lo logramos usando los certificados digitales.
Control de acceso	- Gracias al control de acceso podemos restringir operaciones y accesos en determinados recursos dependiendo de quién sea el usuario que quiere acceder a ellos. Para esto usamos los usuarios y lo roles.
Disponibilidad	- Deben contemplarse medidas de seguridad para soportar cualquier tipo de fallo que se nos presente. El sistema siempre debe estar a disposición del uso de los usuarios.

 PARA SABER MÁS

Consultando el siguiente enlace podrás conocer más aspectos sobre la importancia que tiene la seguridad informática en las empresas.

https://redirectoronline.com/ifcm012po0704

Si nuestro sitio web dispone de una plataforma de pago electrónico, debemos contar con un certificado de firma de código para que nuestros clientes o usuarios tengan plena confianza en nosotros. Un certificado de firma de código va a permitir a los programadores o desarrolladores crear una capa de seguridad extra que es la encargada de avisar a los clientes o usuarios de estas plataformas de pago de que el *software* que van a usar es totalmente válido y confiable para la operación comercial o financiera que se va a realizar, evitando de esta forma caer en prácticas ilegales llevadas a cabo por ciberdelincuentes para capturar los datos de los usuarios.

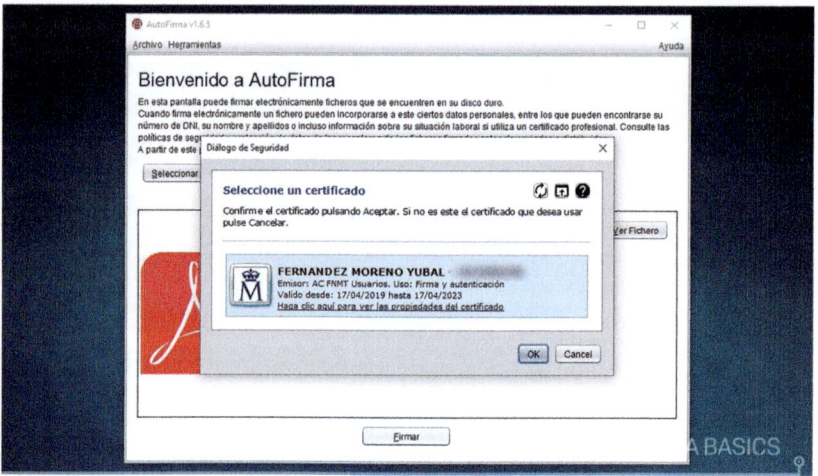

Ejemplo de un certificado de firma de código

La idea es que los programadores o desarrolladores firmen digitalmente el *software* que van a usar sus usuarios o clientes antes de subirlo a las redes para su uso. Cuando un usuario se descargue este *software* para realizar una determinada operación comercial o financiera, sabrá si es confiable y, además, que no ha sido modificado desde que se firmó.

Los certificados de firma de código tienen dos propiedades o características que son la **verificación** y la **identidad del desarrollador del programa.** Además, mantiene la **autenticidad** del contenido y protege al sitio web y al *software* contra posibles manipulaciones. En el caso de que un código sea vulnerado después de que haya sido firmado por su desarrollador, dicha firma **se destruye** y se advierte a los usuarios para que no hagan uso de él.

Cuando un usuario descarga un *software* que lleva asociado un certificado de seguridad, puede estar totalmente tranquilo de que es legal y no hay malas intenciones por parte del desarrollador del *software*. Además, tenemos que indicar que los certificados son totalmente necesarios si queremos destacar y tener presencia en los motores de búsqueda, de hecho, *Google* da mucha importancia a este tipo de certificados.

Pero, **¿cómo podemos saber el grado de confianza que ofrece un determinado sitio web?** Para que un sitio web realice sus transacciones comerciales de forma segura, lo ideal es que haga uso de un sistema de firma digital estructurada aplicando **criptografía asimétrica.**

 **DEFINICIÓN**

Criptografía asimétrica (clave pública)
Es un método criptográfico que usa un par de claves para enviar los mensajes a través de internet o cualquier otra red. Anotar que dichas claves están en poder de la persona que recibe el mensaje; una de ellas es pública y la otra es privada.

- -

Cuando se decide tener presencia en internet y realizar transacciones comerciales hay unos **aspectos de seguridad** que debemos tener en cuenta, como:

Seguridad en las transacciones comerciales	- Autentificación o verificación de la identidad del cliente. - Seguridad de las transacciones comerciales electrónicas. - Seguridad del sitio web. - Privacidad. - Utilidad de la criptografía. - Autenticidad del sitio web desde el punto de vista del cliente o usuario.

Pero, ¿existen **amenazas** ligadas a la seguridad de los pagos electrónicos? La respuesta es sí, y en este caso son las siguientes:

Suplantación
- Nadie con presencia en internet se puede librar de que puedan copiar su sitio web e implementarlo en otro sitio (suplantación) que parezca que es real y de confianza, para obtener, por ejemplo, los números de las tarjetas de crédito de los clientes; pueden recibirse correos con suplantación de identidades bancarias para poder obtener los datos de acceso.

Despliegue y acción no autorizados
- A pesar de que una transacción comercial se realice entre un sitio auténtico y de confianza y un cliente o usuario legal, no estamos libres de que dicha transacción sea interceptada por un tercero (por ejemplo, un *hacker)* para robar información.

Continúa en página siguiente >>

<< Viene de página anterior

Alteración de datos
- De la misma forma que se puede obtener la transacción, con los conocimientos adecuados se puede alterar para cambiar tarjetas de crédito, cantidades de dinero, productos, etc.

Repudio
- Si no existiera una prueba física de una venta, una de las partes implicadas podría negar tal transacción. Aparte, un cliente puede repudiar su compra si no puede hacerle un seguimiento o no tiene constancia física de ella.

Para solventar los problemas anteriores se dio pie al **uso de la firma digital** junto con **SSL,** dando lugar a los siguientes **beneficios:**

Autenticidad mutua	Privacidad del mensaje	Integridad de los mensajes

- Tanto la identidad del servidor como la identidad del cliente pueden ser comprobadas y verificadas.	- Los datos que se intercambian entre el servidor y el cliente que los solicita o los envía son totalmente encriptados mediante una clave única que es distinta en cada sesión (envió o recepción de datos entre las dos partes).	- El contenido del intercambio de información entre el servidor y el cliente se protege para que no sufra alteraciones o modificación durante el trayecto de ida o de vuelta.

DEFINICIÓN

SSL *(Secure Socket Layer)*
Es un protocolo diseñado y propuesto por *NetScape*, localizado en el nivel TCP/IP y que proporciona los mecanismos o servicios de cifrado y encriptado de datos intercambiados entre el servidor y el cliente que los solicita.

Además, la firma digital ha revolucionado el mundo de las transacciones financieras, de tal forma que se evitan las colas eternas para ser atendido en las oficinas bancarias, y se reduce a realizar nuestras operaciones con un dispositivo informático, una conexión a internet y el portal del banco en cuestión. De este modo podemos contratar servicios bancarios tales como inversiones en bolsa, seguros, préstamos, etc., sin necesidad de pasar por la oficina bancaria.

En todo esto ha intervenido muy activamente la firma digital, unida a una serie de **beneficios económicos** para las entidades bancarias como son: disminución de los gastos de impresión, transporte, almacenaje y destrucción de documentos; todo se hace ya digitalmente en la sociedad en la que nos movemos.

La constante evolución de la tecnología ha generado un cambio en los hábitos de consumo.

TAREA 7

En base a los escenarios que se describen más abajo, ¿qué amenazas se presentan? ¿Cómo se pueden mitigar?

- Tienda *online:* cliente recibe *e-mail* de "Soporte Técnico" pidiendo sus credenciales. Al ingresarlas en el enlace, sufrió una compra no autorizada de 500 €. Luego, el cliente niega haber realizado esa compra.
- Contrato digital: un empleado envía un documento confidencial a un competidor. Al ser descubierto, alega: "Yo no lo envié".
- Banca digital: durante una transferencia, un atacante modifica el número de cuenta destino. El banco no puede probar que el cliente autorizó ese cambio.
- Pago con QR: un *hacker* reemplaza el QR legítimo de un restaurante por uno fraudulento. Los fondos van a su cuenta, y el dueño no detecta el cambio hasta días después.

4. Resumen

Podemos definir la **seguridad informática** como el conjunto de estándares, protocolos, métodos, reglas, herramientas y leyes pensadas para minimizar los riesgos de una infraestructura o de determinada información. La seguridad se va a centrar en los siguientes activos de la empresa: infraestructura, usuarios e información.

Los tipos de amenazas en la seguridad que pueden existir son:

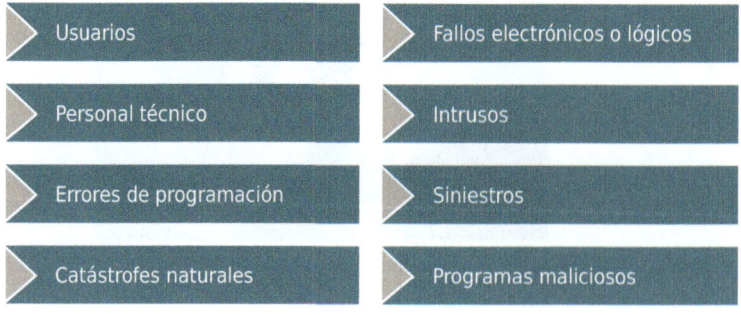

Usuarios	Fallos electrónicos o lógicos
Personal técnico	Intrusos
Errores de programación	Siniestros
Catástrofes naturales	Programas maliciosos

Algunas empresas, para garantizar la seguridad de los sitios web, evitando así las amenazas, utilizan componentes tales como criptografía, firmas digitales o certificados digitales.

La seguridad informática va a garantizar la confidencialidad, integridad, autenticación, acceso y disponibilidad de la información en la empresa.

En cuanto a las **amenazas** ligadas a la seguridad de los pagos electrónicos, pueden darse las siguientes:

El **uso de la firma digital** en la empresa, junto con **SSL,** surgió para dar respuesta a las anteriores amenazas aportando beneficios tales como la autenticidad mutua, privacidad e integridad del mensaje.

Ejercicios de autoevaluación
Unidad de Aprendizaje 7

1. Señala si la siguiente afirmación es verdadera o falsa: "La seguridad informática se puede definir como el conjunto de estándares, protocolos, métodos, reglas, herramientas y leyes pensadas para minimizar los riesgos de una infraestructura o de determinada información".

   ■ Verdadero
   ■ Falso

2. Indica cuál de los siguientes no es un activo para la seguridad:

   a. Infraestructura
   b. Usuarios
   c. Información
   d. Amenaza

3. Señala cuál de las siguientes no puede considerarse una amenaza en seguridad:

   a. Usuarios.
   b. Errores de programación.
   c. Errores de instalación.
   d. Siniestros.

4. Es la parte fundamental para poder soportar el almacenamiento y la gestión de los datos, siendo pieza clave en el funcionamiento de una organización o empresa. Nos referimos a:

   a. Infraestructura.
   b. Usuarios.
   c. Programas maliciosos.
   d. Errores de programación.

5. Un _____ puede usarse por parte de los *crackers* como punto de acceso a un equipo, de ahí la importancia de actualización con parches de los sistemas operativos y las aplicaciones que normalmente usamos.

   a. mensaje
   b. error de programación
   c. siniestro
   d. fallo electrónico o lógico

6. Indica cuál de los siguientes conceptos no necesitamos garantizar en la seguridad de la empresa:

   a. Autenticación.
   b. Integridad.
   c. Servidor.
   d. Control de acceso.

7. Señala si la siguiente afirmación es verdadera o falsa: "La criptografía es un sistema o método mediante el cual transformamos cualquier tipo de mensaje de forma que lo hacemos ilegible a terceras partes pudiendo, cuando la información llega al destino, transformarla a su estado original para que solo las personas autorizadas tengan acceso a dicha información".

   ■ Verdadero
   ■ Falso

8. La identificación de sistemas ante usuarios se corresponde con:

   a. Firma electrónica.
   b. Firma digital.
   c. Certificado electrónico.
   d. Certificado digital.

9. La confidencialidad del mensaje se corresponde con:

   a. Firma electrónica.
   b. Firma digital.
   c. Certificado electrónico.
   d. Certificado digital.

10. **Indica para cuál de las siguientes expresiones no es válido un certificado digital:**

      a. Permitir enviar y recibir información confidencial.
      b. Permitir acceso a sitios webs de manera segura.
      c. Permitir firmar digitalmente documentos.
      d. Realizar acciones de compraventa.

Glosario

Autentificación
Se trata de un proceso mediante el cual se nos garantiza que realmente estamos comunicándonos con quien dice ser la otra parte y no con terceros de desconfianza.

Certificado digital
También conocido con el sobrenombre de "certificado electrónico", se corresponde con un archivo o fichero informático el cual se encuentra firmado electrónicamente y, para ello, un prestador de servicios de certificación da fe de dicha firma (no tiene por qué ser directamente un prestador de servicios, cualquier otra entidad con autoridad para la certificación puede hacerlo).

Ciberseguridad
Conjunto de herramientas, políticas, seguridad, directrices, métodos para la gestión de riesgos, acciones, formación y tecnologías que se usan fundamentalmente para proteger la información o datos de los equipos informáticos.

Confidencialidad
Solo los usuarios autorizados pueden acceder a la información de nuestro recurso informático, datos e información.

Crackers
Expertos informáticos que llegan a descubrir vulnerabilidades en los sistemas informáticos y romper la seguridad de un sistema informático para tener una intención maliciosa respecto del mismo (bien dañarlo o bien obtener un fin económico del equipo al que atacan).

Encriptación
Técnica usada en informática sobre los datos, mediante la cual se consigue que la información se vuelva ilegible a terceros. Para hacer que la información sea ilegible se usa una llave para cifrar la información, llave sin la cual no se puede descifrar la información, caiga en manos de quien caiga.

Firma electrónica
Tipo de firma usada en medios *online* que se compone de un conjunto de datos electrónicos que se asocian o anexan a un determinado documento de naturaleza digital.

Hackers
Son considerados grandes expertos informáticos y llegan a descubrir vulnerabilidades en los sistemas informáticos, pero su fin no es obtener beneficio económico ni hacer el mal, es más curiosidad informática lo que los lleva a este tipo de actuaciones.

Seguridad activa
Previene o evita los datos a los equipos informáticos (tanto de la parte de *hardware* como de la parte de *software)*. El antivirus, el control de acceso a un servidor, encriptar información o los sistemas de redundancia *hardware* son claros ejemplos de procesos que pertenecen a la seguridad activa.

Seguridad de red
Son los mecanismos necesarios para la protección de la red, bien doméstica o de una empresa de cualquier tipo, de ataques o amenazas.

Seguridad física
Protege los datos de los sistemas informáticos ante posibles desastres naturales (incendios, terremotos, inundaciones, etc.), así también como de las posibles amenazas de robo de datos o problemas eléctricos generados.

Seguridad de *hardware*
La seguridad de *hardware* tiene lugar cuando tomamos una serie de medidas o normas con el fin de proteger los elementos físicos que componen un dispositivo informático de posibles daños en ellos.

Seguridad informática
Es una tecnología de la información cuyo objetivo se centra en la protección de datos y en las comunicaciones de una determinada empresa o particular. Debido a que internet está en cambio constante, casi a diario es necesario revisar la seguridad, sobre todo de las empresas.

Seguridad lógica
La seguridad lógica tiene por misión proteger al *software* que se encuentra instalado en los equipos informáticos usando para ello antivirus, encriptaciones, así como mecanismos de protección y privacidad.

Seguridad pasiva
Entra en funcionamiento cuando las medidas que se han tomando en la seguridad activa no han surgido el efecto esperado. Por ejemplo, realizar una

copia de seguridad es un proceso de seguridad activa, pero si sufrimos la pérdida de esa información y la restauramos de la copia de seguridad, es un proceso de la seguridad pasiva (lo ideal es no tener que restaurar los datos, pero si, por ejemplo, se rompe el disco duro del equipo, no tenemos otro medio posible).

Seguridad de *software*
Es aquella cuya misión es proteger de posibles amenazas cualquier *software* que se haya instalado en un equipo.

Sociedad de la Información
Aquella sociedad en la que cualquier persona puede crear, acceder, usar y compartir contenido (información o datos) y conocimientos para que otras personas o comunidades puedan aprovecharse de estos de forma sostenible.

Software dañino o maligno
También conocido bajo el término de *malware,* es un tipo de *software* cuyo objetivo principal es entrar en un determinado equipo informático para causar un cierto tipo de daños sin el consentimiento del propietario o dueño del equipo informático.

Transacción comercial
Una actividad comercial que se puede medir económicamente y que está recogida en un determinado documento. Entre las transacciones comerciales más comunes actualmente están: compras, ventas, consignaciones, pagos de nóminas, gastos, pago de impuestos, etc.

Transacción financiera
Un acuerdo o comunicación entre dos partes, comprador y vendedor, en la que se lleva a cabo un intercambio de un activo (generalmente) por un pago. Entre las transacciones financieras más comunes se encuentran: la compraventa de productos, actividades, servicios, etc.

Virus
Son códigos informáticos que dañan e infectan los archivos que se encuentran en el equipo.

Bibliografía

Textos electrónicos, bases de datos y programas informáticos

→ España Digital, de: <https://espanadigital.gob.es/>.

> Portal web de la Agencia Digital Española que incluye programas y estrategias tecnológicas.

→ Dar forma al futuro digital de Europa. Comisión Europea, de: <https://digital-strategy.ec.europa.eu/en>.

> Página web de la Comisión Europea sobre el estado de la Década Digital 2025.

→ INCIBE, de: <https://www.incibe.es/>.

> Portal del Instituto Nacional de Ciberseguridad español.

→ ONTSI, de: <https://www.ontsi.es/es/>.

> Página web del Observatorio Nacional de Tecnología y Sociedad de España.

→ AEPD, de: <https://www.aepd.es/>.

> Portal de la Agencia Española de Protección de Datos.

→ Cl@ve, de: <https://clave.gob.es/clave>.

> Página web del sistema Cl@ve implantado en España para las relaciones con la Administración pública.

→ Fundación Telefónica. Telos, de: <https://telos.fundaciontelefonica.com/revista/>.

> Revista digital de la fundación telefónica.

→ Observatorio eIDAS Europa, de: <https://eidas.ec.europa.eu/>.

> Página web de la firma electrónica de la Comisión Europea.

Legislación

→ Reglamento (UE) n°. 910/2014 del Parlamento Europeo y del Consejo, de 23 de julio de 2014, relativo a la identificación electrónica y los servicios de confianza para las transacciones electrónicas en el mercado interior y por la que se deroga la Directiva 1999/93/CE.

> Reglamento europeo que regula normas para el correcto funcionamiento del mercado interior en relación con la seguridad de los medios de identificación electrónica y los servicios de confianza para garantizar el derecho de los usuarios a participar de forma segura en la sociedad digital.

→ Reglamento (UE) 2016/679 (RGPD) del Parlamento Europeo y del Consejo, de 27 de abril de 2016, relativo a la protección de las personas físicas en lo que respecta al tratamiento de datos personales y a la libre circulación de estos datos y por el que se deroga la Directiva 95/46/CE.

> Reglamento general de protección de datos europeo aplicable en todos los Estados miembros.

→ Reglamento (UE) 2019/1150 del Parlamento Europeo y del Consejo, de 20 de junio de 2019, sobre el fomento de la equidad y la transparencia para los usuarios profesionales de servicios de intermediación en línea.

> Reglamento europeo que regula normas para el correcto funcionamiento del mercado interior en relación a los usuarios profesionales de servicios de intermediación en línea y de sitios web corporativos.

→ Ley Orgánica 3/2018, de 5 de diciembre, de Protección de Datos Personales y garantía de los derechos digitales.

> Normativa que regula en España el tratamiento de los datos personales de los usuarios en los escenarios de actuación implicados.

→ Ley 3/1991, de 10 de enero, de Competencia Desleal.

> Norma española que regula aquellas prácticas comerciales consideradas desleales.

→ Ley 7/1996, de 15 de enero, de Ordenación del Comercio Minorista.

> Marco legal español regulatorio de las transacciones comerciales en el ámbito minorista.

→ Ley 7/1998, de 13 de abril, sobre Condiciones Generales de Contratación.

> Normativa que recoge las condiciones generales de los procesos de contratación entre sujetos.

→ Ley 34/1998, de 11 de noviembre, General de Publicidad.

> Marco legal que regula la publicidad en España.

→ Ley 34/2002, de 11 de julio, de Ley de Servicios de la Sociedad de la Información y del Comercio Electrónico (LSSI).

> Normativa que contiene el régimen jurídico de los servicios de la sociedad de la información y de la contratación por vía electrónica.

→ Real Decreto Legislativo 1/2007, de 16 de noviembre, por el que se aprueba el texto refundido de la Ley General para la Defensa de los Consumidores y Usuarios y otras leyes complementarias.

> Marco legal regulatorio cuyo objeto es defender a los consumidores, usuarios y empresarios en sus relaciones comerciales.